まちあす地方創生宣言

一般社団法人
環境まちづくり支援機構

はじめに

一般社団法人 環境まちづくり支援機構
理事長 岡田正志

地方創生政策がスタートして10年が経ちました。

しかしながら地方の人口減少や高齢化には歯止めがかかるどころか、一層拍車がかかっています。２０２４年６月に内閣府が発表した「地方創生10年の取組と今後の推進方向」でも、人口減少や東京一極集中などの大きな流れを変えるには至らなかったと総括されています。

私は、これまで全国で再生可能エネルギー発電所（風力発電、太陽光発電）の開発に携わってまいりました。そして、そうした開発地で、人口減少、高齢化など、地方の過疎化の厳しさを目の当たりにしてきました。

これまで地方を支えてきた相互扶助の「しくみ」や「結《ゆい》」も、残念ながら人口減少や高齢化により消滅しつつあります。この大きな社会課題解決への道は容易ではなく、いわば超人的な創意と努力に頼るしか成功の道はないのが現状です。しかし、そうした個人の力に頼るだけの地方創生の道では未来につながりません。

一方で、コロナ禍を機に、一気にリモートワークが定着し、住まいは勤務地に左右されなくなりました。都市部と地方の情報格差も、もはやなくなりました。これまでの東京一極集中時代から、都市部のリソース（ヒト、モノ、カネ、情報）を活用することで地方の価値を高めることが可能な時代になりました。

地方のまちを活力あるまちに変えていくためには、外部（都市）の人々を呼び込み、「多様性あるまち」へ転換していかなければなりません。

「よそ者（＝都市生活者）」の視点とリソースによって地方を変えるのです。地域の人々と外部（都市）の人々がともにつむぐ〝新しい「結」〟をベースにしたまちづくりが、今こそ必要です。

私たちは、地方の価値を都市からの視点で見つめ直し、これまでの都市でのまちづくりを通して築いた人的資源、知的資源、経験を地方で活用し、活かすことで、地方の価値を高めるサポートができるのではないかと考えました。商業施設開発や再開発など都市での事業活動に地域の方々とともに携わってきた者だからこそ、単なる調査・研究や提案にとどまるのでなく、地域の人たちに寄り添い、地域の人々とともに考え、行動することで、その地域にふさわしいまちづくりに、ともに取り組んでいきたいと思います。

このような思いで私たちは、２０２３年7月に一般社団法人 環境まちづくり支援機構（まちあす）を設立いたしました。そして、この思いを広くお伝えしたく、本書を著しました。

「まちあす」の目指すまちづくりは、いわば「地域の人々が主役」のまちづくりです。地域間競争ではなく、地方と都市の連携のなかで、まちの個性を磨き、地方を元気にするためのプラットフォームを創っていきたいと考えています。

地方だからこそ可能な、自然あふれる環境で、人間らしい生き方ができる、多様性あふれるまちを創る。私たちはそうしたまちが少しずつ増えて、つながり、やがて大きなネットワークとなることで、地方の元気な明日を創ることができるのだと考えます。

contents

第2編 これがまちあすの考える地方創生 …… 95

第3編

新しい地方創生の現場から

巻頭対談

〝超高齢化先進国〟日本の未来を語る

一般財団法人 日本総合研究所 会長 **寺島実郎**

一般社団法人 環境まちづくり支援機構 理事長 **岡田正志**

都市部と地方で同時進行する高齢化と過疎化による複合危機。
それらに立ち向かうにはジェロントロジー（高齢化社会工学）が
必要不可欠と説く日本総合研究所の寺島実郎会長。
それには持続可能なまちづくりで備えるしかないと語る、
環境まちづくり支援機構（まちあす）を立ち上げた岡田正志理事長。
ふたりが熱く語り合った、日本が進むべき道についての提言を巻頭に掲げます。

寺島　日本の人口は２００８年に１億２８０８万人でピークを迎え、現在は減少局面にあります。総務省の統計によると、２０５０年には65歳以上の高齢者が全人口の37・1％、じつに３人にひとり以上が高齢者になると推計されています。人口が１億人を割ると見られる２０５６年になると、高齢者の割合は37・6％です。日本は世界でも類を見ない速度で高齢化が進行しており、まさに「異次元の高齢化社会」を迎えようとしているのです。

こうしたなかで、地方創生や地域活性化の取り組みは欠かせません。かつて日本の人口が

多摩大学 学長
一般財団法人 日本総合研究所 会長
寺島実郎（左）

1947（昭和22）年、北海道生れ。1973年、早稲田大学大学院政治学研究科修士課程修了。同年三井物産入社。米国三井物産ワシントン事務所所長、三井物産戦略研究所所長、三井物産常務執行役員などを歴任。現在は一般財団法人日本総合研究所会長、多摩大学学長。『21世紀未来圏 日本再生の構想』（岩波書店）『ダビデの星を見つめて』（NHK出版）、『ジェロントロジー宣言』（NHK出版新書）他、著書多数。

一般社団法人 環境まちづくり支援機構 理事長
岡田正志（右）

1958（昭和33）年、岡山県生れ。1982年、大阪大学工学部卒業。同年東急不動産入社。2014年、取締役常務執行役員。2020年、代表取締役社長に就任。2023年一般社団法人環境まちづくり支援機構（まちあす）を設立、理事長に就任。

1億人を越えたのは1966年ですが、当時の65歳以上人口は6・6%に過ぎなかったのですから、同じ人口1億人といっても、人口構造がまったく違うわけです。

岡田　私たちの母体である東急不動産は、かねてより全国各地で再生可能エネルギー事業に力を入れてきました。その開発過程で、今、ご指摘のあった地方の過疎化と高齢化の深刻さを目の当たりにして、肌で感じ、危機感を抱くようになりました。再エネ事業を通じて地方とかかわるなかで、より広範かつ長期的な視点に立った地域活性化の必要性を痛感したのです。

こうした問題意識から私たちは、2023年7月に一般社団法人 環境まちづくり支援機構を立ち上げ、地方の課題解決に向けたプロジェクトをスタートさせました。

再エネ事業を皮切りに、地域の農業や産業を盛り立て、その地域を気にかけ、ときに立ち寄るような「関係人口」を、まずは増やしていきます。いきなり移住は難しくとも、その地域にかかわる人を増やしていくことで、その地域は少しずつ賑わっていくだろうと考えています。

都市の高齢化と地方の過疎化という二重苦

寺島　日本の高齢化は、都市部と地方で大きく様相が異なります。東京圏を見ると、高度成長期に建設されたニュータウンや団地で居住者の高齢化が一斉に進行しています。たとえば、東京を取り巻く国道16号線沿いには、1950年代から70年代にかけて開発された大規模団地が連なっています。戦後、産業が再生し、急成長していくなかで、地方から上京して就職した人たち――社会学的には「都市新中間層」と呼ばれる人たち――が住み着いたエリアです。

当初は若い世帯が多く、活気に満ちていましたが、今はその多くで高齢化率が軒並み30％を超え、居住者の高齢化と施設の老朽化が深刻な課題となっています。「異次元の高齢化」です。

一方、地方に目を向けると、若年層の流出と少子化により、より深刻な事態が進行しています。特に、東京圏から遠く離れた地域では、過疎化と高齢化が同時進行し、地域社会の維持すら困難になりつつあります。最近よく地方の町で「熊が出た」というニュースがありますが、これは地方の町が、町として持ちこたえられなくなっていることの表れのひとつといえます。

東京を中心とした都市新中間層の「異次元の高齢化」。地方における驚くべき速度で進む過疎化。人口減少がこの両輪で加速している日本で地域を活性化するとなると、相当な構想力が必要です。単に公共事業を増やすなど、地域にお金を配って「なにかまちおこしを」と奨励すれば、ことたりるという話ではまったくありません。

岡田　寺島さんが指摘されるとおり、都市部と地方では高齢化の様相が大きく異なりますが、どちらも待ったなしの課題です。

東京圏のニュータウンや団地では、高齢者の方々が安心して暮らし続けられるコミュニティの再生が急務です。単に住宅や施設のハード面を整備するだけではなく、コミュニティの絆を育み、生きがいを持って暮らせる環境といったソフト面も整えていく必要があります。

他方、地方では都市部とは異なるアプローチが求められます。過疎化が進む地域では、Uター

ン、Jターン、Iターンの促進など、外部から人を呼び込む施策が欠かせません。特に、団塊の世代を中心とした都市部の「アクティブシニア」は、地方移住の有力な担い手になり得ます。かつての住まいを子育て世代に提供しつつ、自らは第二の人生を地方で過ごす。農業や観光など、これまでの経験を活かせる場を創出し、関係人口として地域を支える担い手になってもらう。そんな、都市と地方との新しい関係性を生み出すことが必要だと考えています。

災害に備えた分散型エネルギーシステム

寺島　近年、大規模災害が頻発するなかで、エネルギーの分散化と地産地消の重要性も、改めて浮き彫りになっています。2018年の北海道胆振《いぶり》東部地震では、全道ブラックアウトという未曽有の事態が発生しました。災害に強い地域社会を構築するには、自然の脅威を前提とした社会インフラの再設計も欠かせません。そのなかでも、避難所の電力確保は喫緊の課題です。

私が学長を務める多摩大学でも、キャンパスの防災拠点化に向けて、ソーラーパネルの設置と蓄電設備の導入を進めています。停電時でも必要最低限の電力を確保し、スマートフォンの充電なども含めて、情報アクセスを可能にする。こうした取り組みをひとつひとつ積み重ねていくことが、レジリエントな（耐久力のある）地域社会の実現につながると思っています。岡田さんは、こうした分散型エネルギーシステムの構築については、どうお考えですか？

岡田　災害大国である日本において、エネルギーの分散化と地産地消は国家的な課題だと認識しています。私たちの母体の東急不動産でも、全国各地の自治体と連携して、学校や公共施設の屋根にソーラーパネルを設置する事業を展開しています。発電した電力は、平時は施設で消費し、余剰分は売電する。一方、災害時には非常用電源として活用できる。こうしたシステムを構築することで、地域のレジリエンス向上に貢献できるのではないか、と考えています。

特に力を入れているのが、北海道の松前町における取り組みです。全国有数の風況に恵まれたこの町では、大規模な風力発電事業を展開しています。そこで生み出した電力を活用して、地域マイクログリッドの構築を進めているのです。災害時に町の中心部へ電力を供給できる体制を整備することで、地域の安全・安心の確保につなげるわけです。小さな一歩ですが、再エネと防災を一体的に捉えた、先進的なモデルケースになり得ると期待しています。

問われるソーラーシェアリングの真価

寺島　再生可能エネルギーの主力として、太陽光発電への期待が高まるなか、近年「ソーラーシェアリング」というキーワードが注目を集めています。営農型の太陽光発電は、限られた土地を有効活用しながら、エネルギーと食料の地産地消を同時に実現する画期的なモデルです。

岡田　２０１３年に農地法の一部改正により、営農を継続しながら農地に太陽光パネルを設置することができるようになりました。当初は補助金だのみの状況でしたが、コスト低下と技術の進歩により、現在は事業性が大幅に改善しつつあります。

寺島　農業の付加価値を高めたいとなると、ブルーベリー、イチゴ、トマトのように「他と違った、高く売れる農作物を」と考えがちですが、当然、手間もコストもかかるわけで簡単にはいきません。ただ、ソーラーシェアリングがうまく噛み合って、発電所兼農園のようなスタイルが増えていけば、こうした展開も期待しやすくなるのでは、とも思います。その意味で、いよいよソーラーシェアリングの真価が問われる局面を迎えていると感じます。

岡田　おっしゃるとおり、ソーラーシェアリングは大きな可能性を秘めていますが、同時に克服すべき課題も多い分野だと認識しています。たとえば、埼玉県東松山市では、地域の農家や自治体と緊密に連携しながら、営農型太陽光発電の事業化に取り組んでいます。高い日照量を活かしつつ、下部では水稲や野菜、ブルーベリーなどの生産も行っています。

発電した電力は、現在は髙島屋グループの髙島屋横浜店、高崎店に供給しており、野菜は「東急ハーヴェストクラブ」という会員制のホテルで提供しています。ちなみに、そのホテルにはコンポスト（堆肥容器）の設置を進めています。コンポストで肥料を作り、東松山の農地に戻して活用するという循環サイクルを計画しているのです。それを周辺の市町村にも拡大していこうとしています。

寺島　それはいいですね。

岡田　はい。エネルギーと食を通した持続可能な地域活性化を体現する取り組みだと考えています。とはいえ、事業性の確保には多くの創意工夫が必要です。

ソーラーシェアリングの今後の発展のためには、地域の人々との合意形成を丁寧に行いながら、地域の目線で長期的にアプローチしていくことが肝要だと考えています。「東急不動産がもうかればいい」ではなく、地域の人に喜ばれ、地域の暮らしが楽しく、豊かになるものでなければいけません。そうした努力の先に、ソーラーシェアリングの真の価値が見えてくるのだと信じています。

リタイア層を活かすには「情報」が鍵

寺島　日本の高齢化は、大きな「可能性」でもあります。豊富な知識と経験を持ったアクティブシニアの力を、地域の活力に変えていく。その鍵を握るのが「情報」だと思います。会社を退職したシニアの方々は、最初のうちは解放感を感じるかもしれません。でも、ある程度時間が経つと、現役時代のような社会とのつながりを求めるようになります。ただ、地域活動に参加したり、まちづくりに関わったりしたいと思っても、具体的にどうすればいいのかが、わからないことが多いと思います。そこで必要なのが、参画の「きっかけ」や「場」に関する情報なのです。シニアの方々に役立つ情報をどう整理し、どう伝えていくか。いかに興味を引き、背中を押すか。民間企業の創意工夫に大いに期待したいと思います。岡田さん、いかがでしょう?

岡田　まさに重要な指摘だと思います。シニア層の社会参画を促すには、きめ細かな情報発信と、参加のハードルを下げる仕掛けが欠かせません。若者層への取り組みでもそれは同じで、東急不動産グルー

プでは、かねてより学生に特化した事業を展開してきました。学生向けマンションの運営などを通じて、全国の大学生とのネットワークを築いています。

寺島　「学生情報センター」ですね。学生のネットワークを十分に把握するのは大変だと思いますが、ポテンシャルを秘めた宝の山でもありますね。どう活用されるのか注目しています。

岡田　はい。そこで培った学生のネットワークを活かして、学生と地域をつなぐ取り組みに力を入れています。北海道の松前町では、学生情報センターのネットワークから募集した東京の学生が、特産品のパッケージをデザインして、年配の生産者から大変好評でした。

このような異世代交流から地域が活性化するということにも価値があると思います。

寺島　シニアへのアプローチでは、とにかく「体験してもらう」ことが重要だと思います。ニュータウンに住んでいたシニアたちが、農業体験会などに参加したことをきっかけに、急に地方生活や農業に強い関心を持ち始めることがあります。体験すると人間って変わるんですよね。

都会の人々というのは、「お金を出せば食べ物は買える」と思って生きてきた人がほとんどだと思います。自分で作ったこともなければ、その様子を見たこともないため、「米ってこうやって作るんだ」と身体で学び、身をもって知ることで、ふだん食べているものに対する考え方が、がらりと変わります。生産、加工、流通、調理という食のサイクルに関心を持ち始めると、シニアたちの間に別次元でプロジェクトが動き始めます。ビジネス経験は豊富な人たちですから、まずは生産現場に行ってみようというところから、どうやって効率的に作ろうかとか、商品開発はどうしようとか、いろいろな知恵と体験が結びつき始めます。

岡田　東急不動産の元役員の大川氏は定年後の新しいライフスタイルとして「ワープステイ」というものを提唱しています。これはサラリーマン時代に建てた郊外の戸建て住宅を、引退したら定期借家で若いファミリーに貸す。自分たち夫婦は地方へ5年か10年移住して、その地域で農業に参加したり、いろんなコミュニティに参加したりして地域に貢献する。そして70歳、80歳になったら、元の家に戻り、終末を迎える、というライフサイクルです。これで都市の高齢者の孤独化や地方の過疎の問題は、かなり解決できると思います。

ニーズ起点の発想でDXを捉える

寺島　ここ数年、デジタルトランスフォーメーション（ＤＸ）への関心が急速に高まっていますが、その本質がどこまで理解されているでしょうか。日本企業の多くは、ＤＸを単なる「既存事業のデジタル化」と捉えているように見えます。業務をデジタル化することで効率化を図る。それは間違いありませんが、ＤＸの本当の意味はそこではないと私は考えます。

大切なのは「デジタルの産業化」。つまりデジタル技術を使って新しい価値、新しい産業を創出することです。特に、地方創生や、まちづくりの文脈では、デジタルの力を使って地域の潜在的なニーズを可視化し、解決策を導くことが求められます。そのためには、現場に飛び込んでリアルな声に耳を傾ける姿勢がなにより大切だと思います。

岡田　おっしゃるとおりだと思います。ＤＸの本質は、技術ありきではなく、あくまでニーズ起点で考えることだと私も感じています。「まちあす」プロジェクトでも、デジタル技術を駆使しながら、地域の生の声を拾い上げ、課題解決のヒントを探ることを大切にしています。

　先ほどお話しした北海道松前町の事例では、LINEを活用した実証実験を行っています。町の公式アカウントを開設し、友だち登録を呼びかける。そこから、イベント情報の発信だけでなく、ユーザーの属性や関心の分析から、より効果的な観光プロモーションにつなげていく。そんな身近なＤＸの活用が、地方創生の突破口になると考えています。

“超高齢化先進国”日本から、世界へ

寺島　繰り返しになりますが、日本の高齢化のスピードは世界でも類を見ません。２０５０年時点の高齢化率は、じつに約４割。前代未聞の事態に、私たちはどう立ち向かえばいいのか？　シニアが生きがいを持って活躍できる社会とは、どうあるべきか？「人生１００年時代」のまちづくりを、どう設計すべきか？　超高齢化のフロントランナーとして、日本は世界から注目されています。さまざまな主体が知恵を出し合っていくことが必要でしょう。

岡田　超高齢化先進国で、まちづくりにかかわる民間企業の一員として、世界に先駆けた社会モデルを示すことへの責任を強く感じますね。東急不動産の原点は、まちづくりにあります。まちあすは、単なる開発事業に留まらない、住民に寄り添ったまちづくりを目指します。

第1編

持続可能なまちづくりへの道標

地方と都市の新しい連携を模索して立ち上げられた
環境まちづくり支援機構（まちあす）。
私たちは、まず、地方と都市でまちづくりに奔走している
エキスパートたちを招いて、勉強会を開くことから動き始めました。
4回の勉強会で私たちに示された未来への道標を、最初に共有いたします。

第1講

ジェロントロジーのアプローチを通じた地方創生

日本総合研究所 理事長 松岡 斉さん

主に国・自治体・企業の政策や施策、経営方針等策定に係る制度設計、基準づくり、コンサルティングに従事。また、公益性の高いタイムリーな研究テーマに係る自主研究プロジェクトにも主導的に関与・推進している。

地方創生に必須の「美齢学」

松岡斉《ひとし》と申します。私の勤務先の「一般財団法人 日本総合研究所」は、公共政策志向のシンクタンクとして、国・地域・地方に関わる政策・施策・課題の分析を多面的に行っています。

今回は「地方創生に資する営農型太陽光発電」をテーマにお話しいたします。

「地方創生」で最も重要な課題は、人口問題です。これは「人口減少」と「高齢化」の両面で考えていく必要があります。

見えてきます。

「人口減少」については、移民政策でも取らない限り、どうにも抗えないでしょう。もう一方の「高齢化」に関しては、これまで高齢者を〝コスト〟と捉えていたのを〝人的資源〟と解釈し直して、〝支えられる側〟ではなく〝支える側〟になっていただくことで解決への道筋が見えてきます。

弊所は「地方創生に資する」取り組みを、学術面と国際的動向を踏まえて調査しました。その結果、**「ジェロントロジー（Gerontology）」**が必要不可欠なことが明らかになりました。

あまり聞きなれないことばだ思いますが「Geron」はギリシャ語で「高齢者」を意味することばです。ジェロントロジーを辞書で引くと「老年学」ということになります。

しかし、海外では「美齢学」、つまり「美しく年を重ねる学問」と理解されています。日本を除く世界の主要国では、高齢化を早くから学問として学んでいて、学術的観点からの研究が進められ、自身の人生をより豊かにするためのさまざまな取り組みが行われているのです。弊所会長の寺島実郎も、２０１８年８月に、著書『ジェロントロジー宣言』をＮＨＫ出版から上梓しました。そのなかで問題として取り上げているのは「我が国は、世界一高齢化が進行する社会であるにもかかわらず、高齢者問題を医療、介護、年金の観点から〝社会的コスト〟と捉えて対策を打っている」ということです。

寺島が『ジェロントロジー宣言』で主張する一番のポイントは、「高齢者が社会を支える側に参画し、主体として活躍できるプラットフォーム作り」が急務だということです。高齢化「社会工学」、すなわち「ソーシャルエンジニアリング」が必要なのです。

そこで、私たちは、「ジェロントロジー研究協議会」（以下、研究協議会）を設立しました。ジェロントロジーについては、山野学苑総長だった山野正義さんの『美齢学』（朝日新聞出版２０１８年）、『ジェロントロジー』（ＩＮ通信社 ２０１５年）なども参考になります。

高齢者は、社会を支える生産者

研究協議会のミッションは、冒頭で示した「高齢化をどう解決するか」です。日本の人口が１億人を突破した１９６６年頃は、高齢化率が６・６％でした。しかし、１億人を割ると予想される２０５６年の高齢化率はなんと37・６％。同じ１億人の人口でも、約４割近い人たちが高齢者になると推計されています。

「人生１００年時代」と言われる今、私たちは65歳から１００歳まで、30年以上生きるわけですから、高齢者が健康を維持して、まちづくりなどにどのように参画していくのか。それには、これまでの社会構造を刷新して、高齢者を「社会を支える生産者」として組み込んだ社会づくりが必要になります。

左ページ上の人口ピラミッドをご覧ください。

《イメージ図》

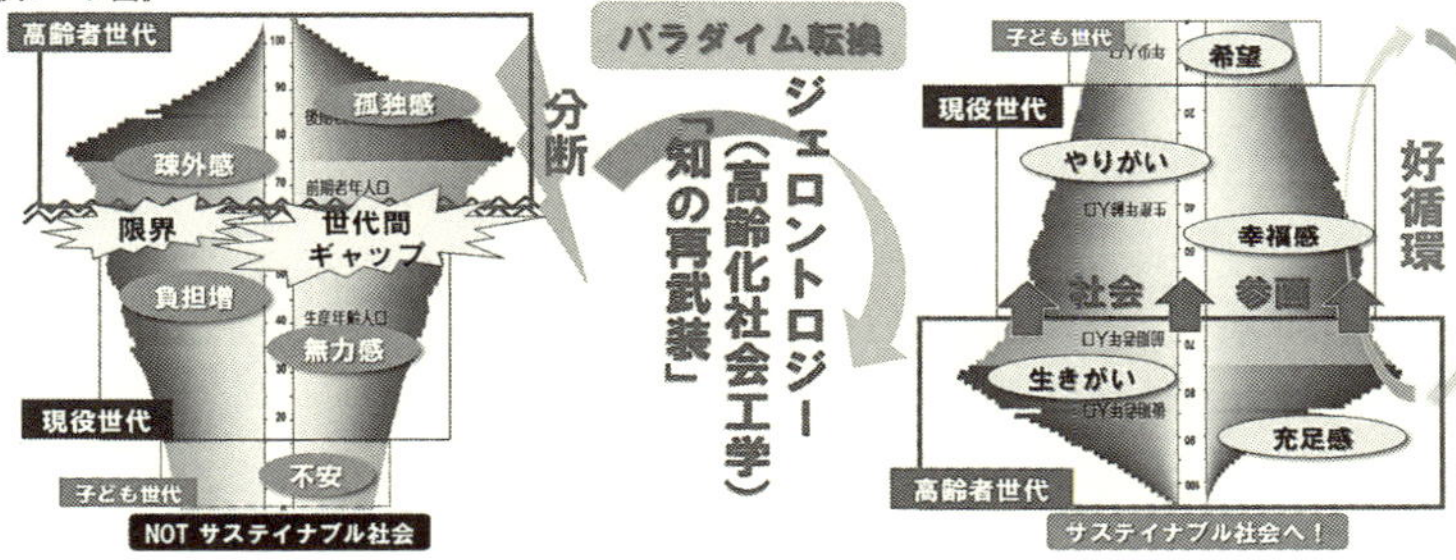

左図が従来の人口ピラミッドです。この状態が続くと、現役世代や、その子供世代が多くの高齢者世代を支えきれず、サステナブルな社会構造にならない。

そこで、「ジェロントロジー」のアプローチを通じて、社会構造を転換するのです。

右図のように、人口ピラミッドを逆さまにして、現役世代で高齢者世代を支えるだけでなく、高齢者世代が現役世代と関わるのです。学びの子供世代、稼ぎの現役世代、そして適度に働く高齢者世代が、互いに助け合う社会構造に変えて、持続可能な未来社会を目指します。

高齢者は知識やノウハウ、ネットワークを持っています。だから、働く場所、活躍する場を提供されると、生きがいや充足感を感じて活動します。非常に貴重な人的資源です。高齢者が社会に参画することで、現役世代のやりがいや幸福感も、より醸成し、子供たちも将来の希望が持てる。つまり好循環をもたらすのです。

私たちの意識を右図の人口構造に変えることで、全世代が健康で活力や幸福感を感じられる、日本にふさわしい社会システムが生まれるでしょう。そこで「ジェロントロジー」という学問体系をバックボーンにして、この好循環システムをどのように構築すれば地方創生につながるか。手探りしながら、今日まで来ております。

私の故郷、徳島県美馬《みま》市では、希望する市民向けに研究協議会が主催する「ジェロントロジー」の基礎を学べる有料講座の受講を推奨しています。

なんと、受講料は市の負担。修了すると「ジェロントロジー市民アンバサダー」として認定され、「人生１００年時代」を健康で過ごすための担い手として、市の活動への参画や、各々で定めたジェロントロジーに関わる活動を行うことがミッションとなります。最近は若い人の受講も見られ、異なる世代が、どのように助け合いながら活動していくか、模索しながら進行中です。

課題山積、都市郊外地域の高齢化

ここで、意外に見落とされがちな**「都市郊外の高齢化」**を見てみましょう。

関東圏では１都３県を巡る「国道16号線」沿線が、高齢化問題に直面しています。

１９５０～１９６０年代、この沿線にたくさんのニュータウンがつくられました。神奈川県横浜市・相模原市から、東京都町田市・多摩市・日野市・武蔵村山市を通り、埼玉県ふじみ野市・上尾市・春日部市・三郷市を抜けて、千葉県柏市・白井市・松戸市・八千代市へと至る幹線道路周辺の町に、合計約10万戸の団地群が建設され、高度経済成長期にニューファミリーのマイホーム地帯となったのです。

それから半世紀以上過ぎた2015年、沿線の住民の24・8％に当たる236・9万人が、すでに高齢者になりました。今後はさらに増えて、2045年には住民の36・2％、実に308・7万人に増える見込みなのです。

特に、多摩ニュータウンを含む多摩市の高齢化は深刻です。2045年には、高齢者が住民の40・7％の約5万人に及ぶということで、多摩市と弊所の寺島が学長を務めております多摩大学が、公開講座を開講しました。そこでは山梨県内の市とも連携して、受講者の農業経営体験を進めています。

日本を救う、ジェロントロジー的パラダイム転換

2018年、研究協議会では、宗教、医療・健康、美容、金融、農業、観光の6分野にわたる「ジェロントロジー総合講座」を開講しました。65歳を超えるシニア層の新たな活躍の場をつくり、活動してもらうための講座です。

まず「ジェントロジー的パラダイム転換」の考え方とはどういうものか、少し例を挙げます。

分野			従来	ジェロントロジー的視点	新たな姿（提示）
基幹分野	こころ	宗教	・実家に行く程度（故郷の存在） ・冠婚葬祭を通じ宗教に触れる程度 ・事業承継で減少する神社仏閣	・無くなった実家に代替するものの創造 ・内面を見つめる機会の創造 ・心のよりどころ＝利他的役割の創造	地域〔コミュニティ〕
主要分野	からだ	医療・健康	・病気になったら医者に行く ・病気でもないのに病院に行く ・高齢者増＝病気増＝コスト増	・病気にならないように医者に行く ・自分で健康をチェックする ・未病関連ビジネスの盛隆	↕
		美容	・90過ぎて口紅もないだろう ・病院や施設で化粧など不謹慎 ・高齢者は美容にお金を使わない	・高齢者にこそ美容（美齢） ・ジェロントロジー美容師の育成 ・美容師による老後コンサル	市場〔マーケット〕
	おかね	金融	・貯めるために稼ぐ ・自分より子供に残す ・株より郵貯	・自分のためにほぼ使い切る ・親のお金は子のお金ではない ・それなりの運用＝社会的投資	↕
	社会参画	農業	・事業承継と農家3Kで耕作放棄 ・気候変動に弱い保護業種 ・経営に自由や主体性無く衰退産業	・新技術力の集約×定年帰農促進 ・豊富な経験データから高付加価値品 ・ホワイトカラーの多能工化で儲かる農業	法制度等
		観光	・高齢者の旅行は高リスク ・価値観の多様化で手間のかかる商品 ・退職後に海外に1回行って終わり	・要介護者でもハワイへ行ける旅行 ・経験・知識を提供する付加価値リピート商品 ・元気シニアが観光人材として活躍	

医療・健康では、これまでは「病気になったら病院に行く」でしたが、今後は「病気にならないように病院に行く」。未病段階で予防に努めることで、ひとりひとりが健康維持を図れます。

美容では、たとえばこれまでは90歳過ぎて施設に入っている方が口紅をつけると「あの人なんなの？」と言われたりしました。しかし、ネイルアートをしたり、髪を美しくまとめたりすることで、オムツが取れると聞きます。美容は人を前向きにする。心が若返って元気がみなぎり、生きるよろこびにつながるのです。とても有効な方法です。医療機関や施設からも「美容が必要」とのご意見をいただいております。

農業については、たとえば、前述の国道16号線沿いにたくさんの高齢者が住んでおられて、時間の余裕もお持ちです。しかし、故郷から東京に出てきて、郊外に家を持ち、都心の会社へ通勤するという生活を長く送ってきた**〝国道16号線沿いの高齢者〟**の方々は、農業に関わる機会がない。そういう方々に耕作放棄地問題や農業衰退化解消に関わっていただくには、どのような方法がよいのか、アンケートを実施したうえでいろいろ検討しました。

対象は国道16号線沿線にお住まいの65歳以上の男性5000人、女性5000人、合計1万人。昭和の高度成長期を支えたモーレツサラリーマンの男性と、その奥様といったご夫婦が多いです。そのためか、退職後「家に自分の居場所がなくて困っている」と回答した男性が目立ちました。専業主婦だった妻は、家事やご近所づきあいが今までどおりあるのですが、朝早くから夜遅くまで都心の会社で働きづめだった夫は蚊帳の外。夫婦の会話も今ひとつないので、仕方なく、朝から近所の図書館に出かけて新聞や雑誌を読み、昼はデパ地下で試食したりして、午後は別の図書館で過ごし、夕方に帰宅。なにしろ、1日のお小遣いが1000円なので、お金の使い道も限られるのです。

そこで、私たちは着実に「もうかる農業」を実践して、お小遣いを増やして、生きがいにつながるように、「農業と太陽光発電」とで収入がダブルに入るプランを推進しています。

後ほど、先行事例を紹介いたします。講座を修了した方々にも意見をうかがい、主要プレイヤーとしてさまざまな協力をしていただいております。

なお、研究協議会の研究フェーズを継承し、実践フェーズへ移行するため、2020年に「ジェロントロジー推進機構」を設立し、現在はこの推進機構でプラットフォームづくりを進めております。

地域の高齢者が参画できるしくみづくり

地方創生には、地域が元気になって、活性化することが必要です。そのためには、地域に住んでいる人たち、なかでも「高齢者が志を持って自分たちの地域のためにもうひと働き、ふた働きできる環境づくり」が欠かせません。

外から集客・送客するのではなくて、その地域内で人材をつくっていく。新しい活躍の場を提供することでマーケットが増え、全体として活性化が拡大化する。それには、いろいろな法令が関わってきますので、規制緩和などにも積極的に取り組んでいく必要があると思います。

その全体像をまとめたのが、左ページの図になります。

中央の縦軸の「宗教・こころ」は、志の支えとなるのでとても大切です。高齢者が「もう自分たちは除け者で、働く場もないよね」とネガティブにならずに済みます。「地域のためにいろんな形で役に立つことが自分のためにもなる」ことを示しています。「医療・健康」「美容」「金融」などとリンクして、お金を増やしたり、農業が成立したりする相関図です。

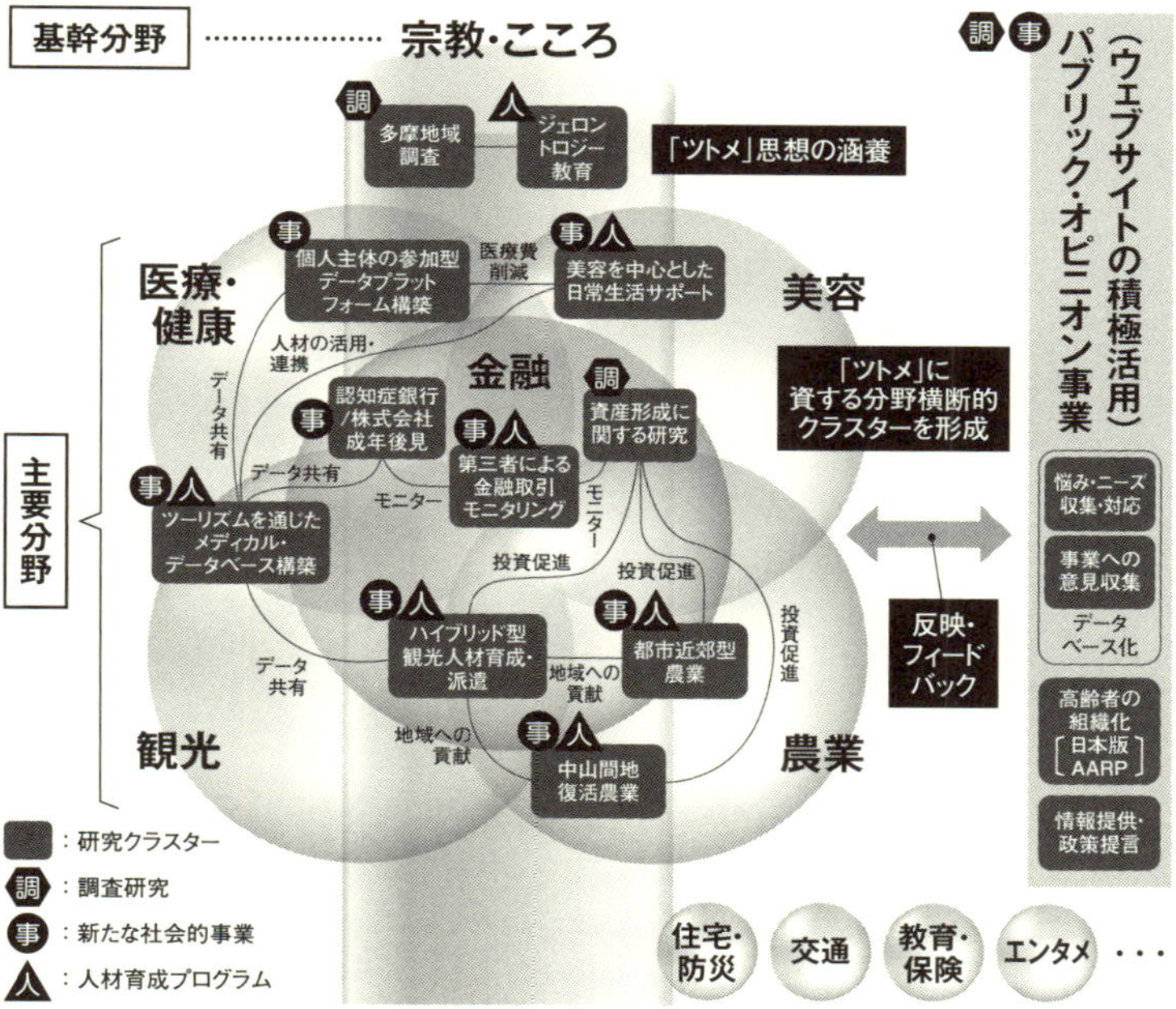

すでに「ジェロントロジー総合講座」を修了された方を含め、全国で5つの地方自治体で、地方の重要課題を解決する「美容」「医療・健康」「農業」などのアプローチをいろいろと実践しています。

「都市近郊、中山間地での農業参画」では、先ほど少し触れましたが、多摩大学の学生が多摩市の高齢者の方々と連れ立って山梨に行き、田植えや稲の刈り取り、野菜果物の育成栽培などに取り組んでいるのが、好例のひとつです。首都圏都市部と山梨で交流を図っているところです。

人生100年時代の都市型農業

地方創生を行ううえで、産業教育、人口、交通など、すべての分野でジェロントロジーの考え方やアプローチが大事です。

これまでの日本は、終身雇用社会でしたから、学校を卒業すると〝就社〟して、家族や社会を支えるために現役世代が、せっせと働いてきました。

しかし諸外国では、社会に出てなにかやりたいことが見つかったら、また大学に戻って勉強して知識を蓄積し、ステップアップを図る。自分の人生を充実させつつ、美しく年を重ねています。諸外国の人たちは、そういう楽しい人生を歩んでいるのです。

日本も時代が変わり、昔ほどの終身雇用社会でもなくなり、私たちも生き方や考え方を変えて、100歳まで充実した毎日を生きることが大切だと思います。

その事例を、いくつかご紹介します。

●首都圏から通いでリンゴ栽培する「浜っ子中宿《なかじゅく》農園」

長野県北部の飯綱町《いいづなまち》。長野市の少し北に位置するこの町の丘陵地にユニークなリンゴ農園があります。ここを運営されているのが**「浜っ子中宿農園」**です。

横浜や東京のシニア世代が通いで農作業をしておられるのです。代表の小泉正夫さんは横浜の方で「援農ツアー」に参加したことがきっかけで、地元と交流するようになりました。空き家を借りて、農作業の手伝いや地域の仕事をしながら田舎暮らしも経験されました。

そうこうするうちに、跡継ぎを探しているリンゴ園があることを知ったそうです。後継者が見つからないと木々が伐採されると聞き、地元の人の力を借りながら通いで作業ができるなら と、テニス仲間約20人に声をかけ、リンゴ作りに着手し始めたのです。

やがて会員制農園にして、いろんな出会いを活かしながら、果樹園の仕事に精を出し、収穫の喜びを分かち合うまでになっています。皆さん60～70代の方々です。

リンゴジュースやジャムなど加工品も製造して、収入も確保。連れてきたお孫さんが、その姿や生き方に感動して「じいじ、カッコいい！」と声を上げる。

孫のほめことばは、高齢者の元気の源ですが、おじいちゃんたちが「カッコいいこと」をしていると、子供や孫も感化されて「私もやりたい」となるようで、お子さん、お孫さんが農園の仕事を手伝うまでになりました。今では、農園を引き継ごうという話にまでなっています。

そのうえ今では、シニア体験ツアーやソーラーシェアリング見学に、シンガポールなど海外からも参加があるほど注目度がアップしています。

まさに、前述の逆ピラミッドにつながる好例です。こういう取り組みが地方を変えていく、地方創生につながると思います。

ちなみに、わが国の食料自給率は4割を切っていますが、シンガポールは現在10％。2030年までに、これを30％までに高めようと、シンガポールは今までオランダ型の農業を採用していましたが、今後はできるだけ日本型の先行的なモデルを参考にして〝シンガポールモデル〟を確立したいとのことです。

●ソーラーシェアリング「市民エネルギーちば株式会社」

これは今回のテーマにピッタリの先行事例です。

「市民エネルギーちば」は千葉県の匝瑳《そうさ》市で、農作物の栽培と太陽光発電を一緒に行う営農型太陽光発電を展開して収益を上げておられます。

このソーラーシェアリングの会社は、2011年の東日本大震災の原発事故を見てエネルギーの在り方を模索していた9人が10万円ずつ出し合い、2014年に資本金90万円で設立しました。FIT（固定価格買取制度）価格の高いうちに参入されたので、事業としてうまく回っております。

耕作放棄地を活かしてソーラーシェアリングし、パネルの下の畑で大豆や麦などを栽培されている。収穫した麦でクラフトビールも作り始めたようです。

社長の東光弘さんは、後継者育成にも熱心で、アカデミーを作って、次の世代につないでいこうと取り組んでおられます。

●会員制観光農園「さがみこファーム株式会社」

「さがみこファーム」は神奈川県相模原市の西部の山村にあり、ソーラーシェアリングと会員制観光農園のブルーベーリーガーデンを経営されています（P56・第1編 第3講参照）。社長の山川勇一郎さんは、前述の東社長のお弟子さんです。通常、売電事業収入が主な収益源になるのですが、こちらは観光農園の人気が高く、農業収入が3分の2以上あるのが特徴です。また、地元の自治会と、災害時に電源が供給できる協定を結んでいるのも特筆すべき事項です。

自治会の会員が災害時に利用できるように、自治会でポータブルの蓄電池を保持してもらい、年1回の防災訓練のときに役員や地域防災員が持ってきて充電します。訓練に組み入れての実施ですので、非常時のリハーサルにもなります。発電を単に事業としてだけでなく、地域と連携して防災に役立てることは、他の地域でも活かせる取り組みだと思います。

弊所は、このように事業を営もうとしている方々と一緒になって〝都市型農業〟を成功させたいと考えています。プロの農家だけではなく、多くのシニア層に〝支える側〟に回っていただだき、地域活性化に貢献してもらいたいです。

高齢者の参画が町の活性化のカギ

まちあすさんが取り組んでいる北海道松前町（P150・第3編 第1章参照）につきまして、弊所で総合計画から人口推計を取り出し、65歳以上の高齢化人口比率を算出してみました。

現在6100人余りの人口のうち、約半分の51・1%が高齢者、いわゆるシニア層。そこから、さらに右下がりになっていきますので、ジェロントロジー推進機構では、町の地方創生に資する取り組みとして「高齢者に地域的課題に積極的に参画していただく」ことを、ジェロントロジーの視点から提案しています。

約3000人のシニア層には、今も第一線で活躍されておられる方がいらっしゃる。ひとり一役ではなく二役できるようなまちづくりや参画形式をつくっていかれると、まちが活性化して変わっていくのではないでしょうか。

なんらかの担い手が参画でき「一定収入が入ってくるインセンティブが与えられる取り組み」を検討していくことが必要です。牛やマグロなどのビジネスモデルが挙がっているとうかがっています。もうかる農業よりも漁業や観光のジェロントロジーで、しっかりプログラムをつくれば、関係人口を増やせるだろうと思います。

ちなみに、各地には、民間のプロジェクトにもいい先行事例があります。たとえば、徳島県上勝町《かみかっちょう》の**「株式会社いろどり」**の「葉っぱビジネス」。日本料理や和菓子などに使う、季節の葉や花、山菜などを販売する農業ビジネスです。地元の人にしたら、見慣れた風景の一部に過ぎない植物。でも目の利く人が採集すれば、料理や菓子の見栄えがグッとよくなる貴重な商材です。自然の恵みを熟知するシニア女性にうってつけの仕事です。元農協職員が考案起業し、町の産業にまで発展しました。全国から注目を浴びて、映画化（２０１２年公開『人生、いろどり』）されたほどです。

「食と農」の基幹産業を創る「都市型農業創生推進機構」

弊所が２０２３年にスタートさせた「都市型農業創生推進機構」（以下、創生推進機構）では、こうした先進事例をプラットフォームで集積し、ネットワークをつくって、ゆくゆくは外貨の獲得にも積極的に関わっていきたいと考えております。

まちあすさんと、我々の創生推進機構とで、なにかコラボレーションを図れるのではないかとも思っています。

創生推進機構の概要は、国家や地域のレジリエンスの中核である「食・水・エネルギー」の安定化を図るとともに、「食と農」を主眼とした未来型の基幹産業の創出を図ることです。

事業内容としては、ソーラーシェアリングをコアスキームとして、「もうかる農業」を実現したいということです。さらにバリューチェーン強化のため、事業スキームの実現可能性、フィールドの発掘、自治体とのマッチングを進めつつあります。


「食と農」の先行事例では、梨作りで有名な埼玉県神川町《かみかわまち》の**「生涯食育事業」**が好例でしょう。「食育」というと、育ち盛りの子供対象と思われがちですが、この町では赤ちゃんの離乳食から高齢者の健康維持まで、生涯を通じて調理指導や食イベントなどが行われています。

高齢者事業では、65~79歳の男性対象の「おやじの料理教室」、80歳以上の男性対象の「80からの男爵クラブ」。ただ料理を作るのではなくて、介護予防や健康増進に役立つ料理を楽しく作る。料理経験がなくても大丈夫。仲間ができたおかげで、一緒に防犯パトロールをしたり、子供たちの見守りを始めた人もいると聞いています。

他に、親子で農作業と料理をする教室、自身の体質や生活習慣病予防のための食事について学んで食イベントに参画していく「食生活改善推進員協議会」なんかもある。町を挙げて健康長寿を推進している好例です。


創生推進機構では、まず横浜市緑区の国道16号線沿いで「横浜モデル」を想定したソーラーシェアリングを成功させたいと計画しています。

横浜市のマッチング制度を通じて、1400㎡のソーラーシェアリング用地を3万3000㎡まで拡大しようと考えています。**「株式会社地方創生」**などと連携しながら、当面3年を目途に事業を進めています。

我々の目標は「ジェロントロジーのアプローチを通じた地方創生」の実現です。そのためには、社会参画してもらえる担い手が必要です。

また、各自治体が自らをマネジメントするという意識づけをして、一定の人材やお金を用意し、自治体・地域を経営するという方向に進んでいただく。そのために、我々で成功事例をできるだけ早く具体化し、自治体に横展開することで、地方創生に向かいたいと考えています。

第2講

店がまちをつくり 店が地方と都市をつなぐ

まちづくりプロデューサー 小野裕之さん

1984年岡山県生まれ。中央大学総合政策学部卒。ベンチャー企業を経て2012年、ソーシャルデザインをテーマにしたWebマガジン『greenz.jp』を運営するNPO法人グリーンズを共同創業。20年春には株式会社散歩社を創業し『BONUS TRACK』を下北線路街に開業。現在は、世田谷区にある旧・池尻中学校（旧・世田谷ものづくり学校）を創業支援型複合施設にリニューアルすべく奔走中。

私のしてきたまちづくり

株式会社散歩社創業者兼プロデューサーの小野裕之と申します。弊社は、地下化した小田急電鉄の線路跡地を利用したまちづくりの一環で、２０２０年４月から東京都世田谷区の下北沢で『BONUS TRACK』という商業施設を運営しています。今日は、この事業をはじめ、私自身や友人の会社が関わっているプロジェクトについてお話しします。

概して地方の町は担い手不足で、「それ、だれがやるの？」という問題に陥りがちです。たとえ小規模でもチームをつくり、自走し、さまざまなマーケティング活動や移住促進、税金の効率的活用などが進まないといけません。イメージ戦略のような前時代的方法は今では通用しません。地方の新しい魅力の発信やマーケティングが試されています。その事例をお話します。

日本橋から始まった私のまちづくり

5年ほど前まで、私の本業は『greenz.jp』という読者数約20万人のWebマガジンの運営でした。２００６年7月、立ち上げから10年ほど経過したあたりから、自分自身も実践者にならなければならない、と考えるようになり、ここ5年ぐらいは店の運営や、冒頭で触れたBONUS TRACKのように「商店街を一括借り上げし、テナント貸しする」といったビジネスが増えております。そのきっかけは２０１７年。首都高速道路が30年後に地下に潜るのを見据え、日本橋のまちづくりに約1兆円の投資をすることを発表している三井不動産から「東京の日本橋、さらに小伝馬町や馬喰町の駅周辺に新しい店を増やしていきたい」と、ご相談を受けたことでした。

たとえば日本橋小伝町に建つ4階建てのペンシルビル。「この狭小ビルでなにかおもしろいことができないか」との相談を受け、『greenz.jp』を通じて知り合った秋田県の米農家であるトラ男（トラクターに乗る男前農業集団）のみなさんたちと一緒に、おむすび屋さんをやることにしました。秋田県北部を走るローカル線・内陸縦貫鉄道の最北駅、鷹ノ巣《たかのす》や、マタギの里の阿仁合《あにあい》周辺は、人口減少が一番激しい場所でもあります。そこで暮らす武田昌大さんをはじめとする若手の就農者、兼業者、新規で農業系ベンチャーを起こす方たちと一緒に、秋田フードを盛りあげていこうとアイデアを出し合い、2017年、日本橋小伝馬町に『**おむすびスタンドANDON**』が誕生しました。昼はおむすび屋さん、夜は秋田の地酒が飲める店です。

一方の秋田県側でも、トラ男のみなさんは、まちづくりを手がけています。現在は経営形態が変化していますが、秋田県中央部の五城目《ごじょうめ》町にある築150年の古民家を会員制シェア別荘として、友人の会社と共同運営しています。会員の多くは東京など都市部の方で「今年は稲刈りに行ける」などと楽しみにしていらっしゃる。

また、秋田県庁と組んで、秋田で創業したい方に2年間で10組に総計3000万円程度の創業補助金を渡す制度の審査や伴走型支援、さらに追加投資が必要であればハンズオン支援するような枠組みも、県庁と知事の肝入りでやらせていただいています。今年5年目で、毎年100組ぐらいの応募がきます。

下北沢で試みている私のまちづくり

ここからは、冒頭で申し上げた下北沢のBONUS TRACKという商店街(写真・左ページ上)

の運営についてお話します。

小田急電鉄が2013年に「世田谷代田－下北沢－東北沢」の3駅間の線路を地下化したので、幅約40m、距離2km弱の空き地ができました。その空き地を20年間借り上げて、1階が店舗、2階が住居スタイルの5坪規模のテナントを小田急電鉄と一緒につくり、それを弊社が一括借り上げし、テナントさんにお貸しする事業です。15区画ほどになります。だれでも自由に入れて公園のように使っていただけるオープンな空間にしています。最近は、ふるさと納税サイトに掲載している事業者を集めたマーケットをやったりしました。東京の消費者と顔が見える関係になろう、みたいな趣旨です。ここに出店してもらった業態は多種多様で、書店、スイーツショップ、青果店、珍しいところでは発酵食品専門店、ビーガン専門の中華料理店、不動産屋さん、レコード店もあります。「これからの下北沢にあったらいいな」と思うお店は積極的に誘致させていただいています。とはいえ、下北沢の街中にすでにある路面店ではなく、必ず拠点とは別に、ここでも展開してもらう、という風にお願いしています。私自身も**『お粥とお酒ANDONシモキタ』**をテナントとして営業しています。先ほど紹介した日本橋小伝馬町

のおむすびスタンドＡＮＤＯＮの2号店です。

下北沢駅前の賃料がこの10年間で倍ぐらいに跳ね上がり、２０１０年ごろは坪2〜3万円だったのが、今では坪6〜7万円、個人事業主だと払えない状況です。でも「初めてお店を持つなら下北沢だよね」という雰囲気は残しておくのがよいだろうと、建物オーナーの小田急電鉄と一部世田谷区も絡めて理解し合ってもらって、BONUS TRACKでは個人オーナーに借りていただける坪2万円ぐらいの木造商店街を新たにつくることにしました。さらに、収益以外のミッションを必ず入店時の面談でうかがうことにしたら、結果としてチェーン店ではなく、個人事業主の方に使っていただける商店街になっています。共用部のコワーキングスペースには、コロナ禍でテレビ会議の需要が出てきたので、集中ブースを用意したり、シェアキッチン、イベントスペースがあったりします。

人が店をつくり　店がまちをつくる

まちづくりの核になるのは、やはりお店。リアルな拠点だと私は思います。結局のところ、そのまちで働いている人がまちの価値をつくっていく部分が大きいので、働く人たちが店を維持して成長していくようなストーリー、人が店をつくって、店がまちをつくるといった設計になっていかないといけません。そう考えて私は「人づくりは店づくり、店づくりはまちづくり」となる導線設計を常に意識しています。

BONUS TRACKでは、ほぼ毎週のようにイベントを中庭でやっています。八百屋さんのマルシェ、植栽のプロによるプランツコレクティブ、ブックマーケットなど。テナントさん主催のマーケットもいろいろあります。自分たちだけによる運営ではなく、「お客さま」、「新しく出店されたい方」、「副業レベルでやっている方」と、いろんな余白をつくって運営した結果、コロナ禍でも売り上げは順調でした。多くのメディアに取り上げていただき、若者の街が原宿から下北沢に移ったみたいな報道も多いです。インバウンドを意識し過ぎると、新しいチャレンジやコンテンツが、消費されるスピードに追いつかず、スカスカになる。「成功者しかチャレンジできないまち」みたいに見えてしまいます。

下北沢はいろいろなフェーズのお店があります。新しくお店を持ちたい人向けの学校もやっております。いろんな立場の人が多面的にまちを支えることが大事だと実感しています。

秋田県男鹿市で駅舎を利用した酒蔵

このあとは東京以外の他の地域の事例を４つほどご紹介できればと思います。

ひとつ目は、秋田県男鹿市の酒蔵**『稲とアガベ醸造所』**（写真・左ページ上）。２０１２年10月、ＪＲ男鹿線の終着・男鹿駅の築90年の駅舎が古民家風にリニューアルされました。ところが、２０１８年７月に駅舎が南側の商業施設近くに新築移転したため、２０２１年９月に、その旧駅舎を借り受けて開店したお店です。

秋田銀行と政策金融公庫から２億１０００万円の融資が下りたと話題になりました。創業支援金としては破格です。地銀や公庫の利率や元本の返済の据え置き期間が優遇され、返済期間も都内だと10年が関の山ですが、秋田県だと25年と、たっぷり認めてもらえました。市も積極的に支援してくれています。大きな理由は、酒米の栽培から醸造まで一貫して行うからです。

しかし稲とアガベ醸造所には、醸造した酒類を国内で販売できる清酒製造免許の新規取得は認められていません。２０２１年４月から海外輸出用の清酒に限り、最低製造数量60㎏の適応外で新設許可されるようになったばかりです。それまでは国内向けに「その他の醸造酒」の免許で、どぶろくや、日本酒と似た製法で造った酒にテキーラの原料〝アガベ〟から採れるシロップを入れた「クラフトサケ」という日本酒風の酒を醸造販売するだけに限られました。

今は「日本酒製造特区」を目指し、日本酒ベンチャーの聖地として地域を盛りあげようと動いています。稲とアガベ醸造所は、その中心となるベンチャーです。社長の岡住修兵さんは秋田の『新政酒造』で修業を積んだり、農業生産法人で就農したり、さらに東京・浅草のどぶろく店で販売も経験し、秋田に移住して創業した人です。地域活性化や観光資源化、永住・移住促進などを視野に入れて、農業法人と醸造所を経営しておられます。

ここにはレストラン&カフェを併設し、夜は日本酒とのペアリングが堪能できるコース料理、昼間はカレーやコーヒー、酒粕を利用したソフトクリームなどの軽食を出しています。酒販もしています。昨年は有名なラーメン店の創業者と一緒にラーメン店も始めました。

他に、廃棄リスクのある農産物や酒造りの過程で出てくる酒粕を使ったマヨネーズなどの加工食品を製造販売する食品工場やショップもあります。今後は酒粕を蒸留したアルコールで粕取り焼酎もつくりたい、と考えているようです。そこまで突き詰めるとなると、廃棄物が出ないような産業へと発展していくのではないかと期待しています。

男鹿駅は、秋田駅から電車で1時間。普段は人っ子ひとりいないような港町で、宿もない。地域文化を各地に発信するコンテンツメーカーが必要です。宿泊施設やワーケーション拠点もつくらないといけません。今は酒蔵で飲んだ後、22時半くらいの終電で秋田駅に戻らなければいけない。もう少し滞在時間を増やせるしくみをつくろうと言っています。

稲とアガベ醸造所の酒には多くのファンがいます。ここでつくった日本酒風のクラフトサケ『INE to AGAVE（稲とアガベ）』を東京で飲む人たちに、年に数回、男鹿に来ていただき、生産地のファンも増やそうと、複数の会社と自治体が協力して取り組んでいます。日本酒は背景のストーリーにも価値がある。これをうまく使って聖地にしたいです。

男鹿市も、レストラン、農業法人、駅を、この近くに移転し、駅前の改修もして、いろいろ手がけてくれました。小雨程度ならイベントができる大屋根のある広場もあります。2～3年で、ここまでラインナップをそろえ、全面的に支援してくれている地域は、とても珍しいです。

神奈川県三浦市では船具店を利用した図書室

ふたつ目は、神奈川県三浦市三崎にある『**三崎港蔵書室 本と屯《たむろ》**』（写真・左ページ上）。2017年に、出版社の『**アタシ社**』が三浦半島南端の港町の元船具店を借り上げて開いた施設です。代表のミネシンゴ・三根かよこ夫婦が本棚に蔵書をずらっと並べていたら近隣の人たちが興味を示して、無料で読める図書室と化しました。２階は美容室。ミネさんは元美容師さんなのです。リクルートで『ホットペッパービューティー』の営業とかをされて、その頃のつながりも活かして全国の美容室を紹介する本をつくったり、地域限定の雑誌の編集をしたりと、活躍された方です。本と屯は次第にタウン情報のハブとなり、交流の場となりました。

　三崎漁港は昔からマグロ漁で知られ、風情ある漁港や町なみ、海釣りや遊覧船観光などで年中人の行き来は多い。でも、ここでお店を開きたい人が借りられるような物件は1件も存在しないような地域です。ところが本と屯には地域の物件情報も入ってきて、不動産屋さん化してきている。おもしろいことをやりたい方がいるなら、と、貸主と話がまとまり、新店舗が増えているのです。

　２階の美容室も同様です。お客さんの多くが都内など他の地域から来られているのですが、マグロを食べに来るだけといった客層ではなく、クリエイティブな仕事をしている人たちが多い。そこで町の情報を耳にして「三浦おもしろそう、借りられる物件ないの?」となるようです。

宮崎県都農町では、ふるさと納税を活用したホステル

3つ目は宮崎県都農《つの》町のまちづくり会社『**イツノマ**』。都農町は宮崎空港から高速利用で約60分という場所です。毎年100億円を超える、ふるさと納税の収入があり、まちづくりで大成功しています。この傾向は、この6〜7年続いていて、ふるさと納税を始めて約10年で約450億円の税収がありました。ふるさと納税の税収が全国ランキング1位の都城《みやこのじょう》市は約200億円。宮崎市も約80億円あります。宮崎県には焼酎や肉など、単価が高い返礼品が複数あり、希少なワイナリーもあって、今や宮崎県は〝ふるさと納税王国〟です。なので、子供が3人いる家族が都城市に移住すると最大500万円も、もらえます。宮崎県には財政が潤っている町が多いので、近隣の市町村も追いつけ追い越せ状態です。

そんな町のベンチャー企業イツノマが、地元工務店とホステル（写真・左ページ上）を始めました。田園風景を見ながら、テントサウナで水風呂にも入れます。社長の中川敬文さんは敏腕経営者で、古い建物をリノベーションして新しい価値をつくる『**都市デザインシステム**』の初期メンバーのひとりでした。リーマンショックでこの会社は民事再生となり、数年後、小田急の『**UDS**』として小田急の子会社になりましたが、社員規模を200人から500人へと

拡大させました。

中川さんは２０２４年で56歳。ＵＤＳ時代からふるさと納税の使い道のコンサル相談を受けていたようです。「青写真は描けるけれど、だれがやるんだ」となり、「じゃあ、僕が移住してやります」と都市型の大会社のマネジメントを辞めて、３年ほど前に社員数人のイツノマを創業されました。

ふるさと納税で創業する人を増やしたいので、営業許可取得済みのシェア店舗やカフェを１日単位で借りたい人を募ったり、ふるさと納税を発信して稼ごうとか、働く人の寄合所のようなコワーキングスペースも運営されています。

今、ここの運営にＪ３を目指すサッカーチームを活かせないか画策中です。というのも、宮崎県はサッカーチームを起点にしたまちづくりも盛んで『地域おこし協力隊』の枠組みを使って選手のギャラを払っている自治体もあるほどなのです。新富町《しんとみちょう》は地域おこし協力隊の予算でサッカー選手を30人ぐらい育成していいます。スポーツ合宿も盛んで、スポーツ施設が県のお金でつくられていて、稼働率を上げるため、協力隊の枠組みを使ってスポーツ選手を都会から連れてきます。練習と地域活性の仕事を半々の割合でしている選手もいます。

「ゼロカーボンシティ宣言」をつくって町長に発表する中学もあります。イツノマは中学校で、そんな授業もしています。時間はかかるけど教育からやっていこう、と。授業の他に「まちづくり部」を新設し、まちづくりや地域を好きになってもらう部活動もしています。

2021年に廃校になった都農《つの》高校は、とても広い場所で、住民主体で活用方法を計画しています。財源はふるさと納税なので、町の方針がガラッと変わらない限り、町外への発信拠点になるのではないかと思っています。

北海道川上町は地域おこし複合施設で協力隊誘致

最後の事例は、北海道の大雪山の麓、上川郡上川町にある『EFC』という会社が手掛けた、宿泊まれる複合施設です。

移住してきた30代前半ぐらいのふたりが、3階建てのビルを約500万円で購入され、宿泊施設、飲食店、そしてワーケーション拠点として使える、地域おこし複合施設にしたいとおっしゃる。中小企業庁の補助金が取れたら専門家の伴走が必要なので、取得を前提に伴走者になってほしいと依頼され、補助金に応募されたら通ったのです。

上川町は地域おこし協力隊『**カミカワーク**』が元気で、求人が成功している町としても有名です。企業誘致や企業包括連携も、たとえばニュースピックス、日産自動車、クラブツーリズムなどの企業と連携協定を結び、社員が派遣されるとチャレンジ内容を詰めていきます。

カミカワークの活躍で上川町は移住が進み、移住促進住宅は常に満床。東京事務所の方が首都圏で営業をがんばられて、企業包括連携も10社、20社と順調に増えています。役場と企業の関係ではなく、協力隊やその卒業生たちが地域側に入って連携してくれる。役場の協力が入り続けるにはリソース的にも予算的にも無理があります。いきなり地元の事業者ではなく、協力隊とタッグを組んで東京の企業と実績をつくろうとしているので、私も間に入ってなにかできたらいいなと思っています。

各地の事例に共通するもの

最後に、４事例の共通項をまとめます。

ひとつ目は、**ストーリー**。どんなまちとして再生していくのか、リブランディングが大事だなと思います。ふたつ目は、**中心となる起業家的人材**。これも不可欠です。だれにリスクを取ってもらうかは決めないと前に進めないと思います。３つ目は、**ファンコミュニティ**。成功したら乗っかりたいとか、お金を払ってくれるお客さんを呼び込む前に、支えてくれる支援者が必要です。そのフェーズを、この４事例で見てきました。土台づくりを地域の人だけじゃなく都市部の人も巻き込み、参加者の自由も残しながら進めるということが、大事だと思います。

〝いっちょかみ〟したい人がたくさんいるときに難しいのは、ひとつのストーリーになりにくいこと。人によって仕事や暮らし方、価値観が違います。社会の希薄化、多様化の問題だと思いますが、散らばっているコンテンツを新しいストーリーでつなぎ直すということが重要です。男鹿市の「日本酒特区計画」も、県内にある資源を活かして新たなストーリーを編集しました。男鹿市は秋田県民でさえ「なんのために行くの?」と言うような、寒風吹きすさぶ町。でもそこに可能性があり、岡住社長にかけてみようと思える土壌がある。この2年ぐらい稲とアガベ醸造所を中心に発信していますが、ピンチをチャンスに変える大事な要素ですね。

都市的成功やクオリティオブライフ(生活の質)の追求が今、限界にきています。物価が高いし給料も上がらない。仕事で都会に住まざるを得なかった理由がなくなったと実感する世の中になった。おもしろい状況は地方でも生み出せる。ただし地方型の新しいストーリーを体現してリスクを取る人がいる、という構造が必要です。

起業的人材も「意識して探そう、ぜひうちのまちでやりましょう」と、その人が借金して投資家を見つけて自分でリスクを取る状態をつくって、一緒にやることが大事。委託だと委託金がなくなったら、だれもいなくなったり関わらなくなったりしてしまいます。地域の人も、やってくる起業家的人材も、良い意味で真剣になってもらうために「逃れられない構造」をつくらないと、長く続かないと思います。ただ目標の設定は「10年ぐらいでひとつ大きな結果を出しましょう」が健全かと思います。骨を埋める、みたいな感覚は若い人には背負いきれない。

コロナ禍によって働く場所も住む場所も自由に選べるようになり、かつての〝会社コミュニティ〟がなくなってしまった喪失感に、今、「会社以外での友だちづくりはどうするんだ！」という、大人が大量発生しています。個人も法人も「ふるさと納税地」を探している感じかと。

参加的とは、消費的でないというか、仕上がったらお金を払うから、ちょうだいではなく、価値やチームづくりに楽しんで参加する人が、まず必要ということ。インディーズバンドをメジャーに押し上げようと参加的に関与し続けるファンコミュニティをつくれたら、そこでなにか売り物や楽しみ方が設計できたら、お金を落としてください、人が来ます……みたいな順番だと思います。

この4事例を見てみて、僕は「起業家的な人材を中心に新しいストーリーをつくり、最初のファンコミュニティをどう獲得するか」が、一番重要じゃないかと思っています。

第3講

再生可能エネルギー事業と地域の共生

さがみこファーム 代表 山川勇一郎さん

多摩市で地域エネルギー会社の立ち上げに参画。官民共同の市民ファンドによる屋根借り太陽光発電事業を手がける。2019年から農業にも参入。ソーラーシェアリング型のブルーベリー観光農園を開園。令和4年度資源エネルギー庁「地域共生型再生可能エネルギー事業顕彰」受賞。

エネルギーと食物の両方をつくる

はじめまして、山川勇一郎と申します。東京都多摩市で太陽光発電施設の開発やコンサルティングの『たまエンパワー株式会社』を、神奈川県相模原市で会員制の観光農園事業の『株式会社さがみこファーム』を経営しています。

今回のテーマは「再エネルギー事業における地域共生の考え方」。永続的に繰り返し利用できる「再生可能エネルギー」を活用した、相模原市での地方創生の事業例をお話しします。

弊社の主力事業は、農業用地に支柱を立てて太陽光パネルを設置し、パネル下の農地で作物を育て、発電エネルギーの販売と収穫物の両方で収益を得る「ソーラーシェアリング」です。生産したエネルギーと食物で「自然と調和した未来を創る」のが弊社のミッションです。相模原市がソーラーシェアリングを受け入れたのは弊社が初でした。私たちがどんなことを考え、どこに向かってどう動いたことが、どういうふうに地域や地元関係者の変化につながったか。その過程での困難を、どのように乗り越え、実現に至ったのか。過疎地域での社会課題解決型ビジネスの一例として、参考にしていただければと思います。

エネルギーの地産地消

私がソーラーシェアリング事業を手がけようと考えたきっかけは東日本大震災でした。それまで気にもしてなかった〝コンセントの向こう側〟への意識が高まり、地元の多摩地域で市民ファンドによる屋根上の太陽光発電事業を始めたのです。

今まで日本は、外からのエネルギー資源に頼ってきました。化石燃料を使う限り、富は地域外に流出します。それなら「地域でエネルギーをつくろう。〝エネルギーの地産地消〟を実現すれば、地域経済の活性化や雇用の創出、ひいては地域の持続性向上に寄与できる」と、そんな考えに至りました。地域エネルギー開発の有用性を活かした、新しい「地方創生」です。

再生エネルギーに対する社会意識は、２０１２年のＦＩＴ（再生可能エネルギーの固定価格買取制度）後、太陽光発電を中心に高まりました。しかし同時に、無秩序開発による自然破壊、地域との摩擦が、この10年間で顕在化してきています。そのため、最初のうちは太陽光発電はいいこと、という風潮でしたが、最近では次第に、やや否定的に見られてきています。

私は「太陽光発電は脱炭素には非常に有効な手段。ただ、設置や運用の仕方、所有形態など〝How〟の部分で問題が多数発生しているので改善が必要。太陽光発電そのものが悪いわけではない」と考えています。脱炭素再エネシフトのなかで、社会に受容される形が求められているのが、太陽光発電の現状だと思います。


農地利用には非常に大きなポテンシャルがあります。日本の耕地面積は約４４０万ha、荒廃農地は約28万haです。日本の太陽光発電の導入量は２０２１年現在で約70ＧＷ（ギガワット）。仮に荒廃農地の半分の面積に遮光率40％で太陽光パネルを設置したら70ＧＷの発電が新たに可能です。これだけで太陽光発電を倍増できる計算になります（左ページの図参照）。

相模原市での発電開始は5年前です。私は以前からソーラーシェアリングは事業として可能性があると思っていました。でも、都市部で住宅の屋根上の太陽光発電事業しかやったことがなく、農地を所有している知り合いもおらず、なかなかビジネスにつながらなかった。それが、

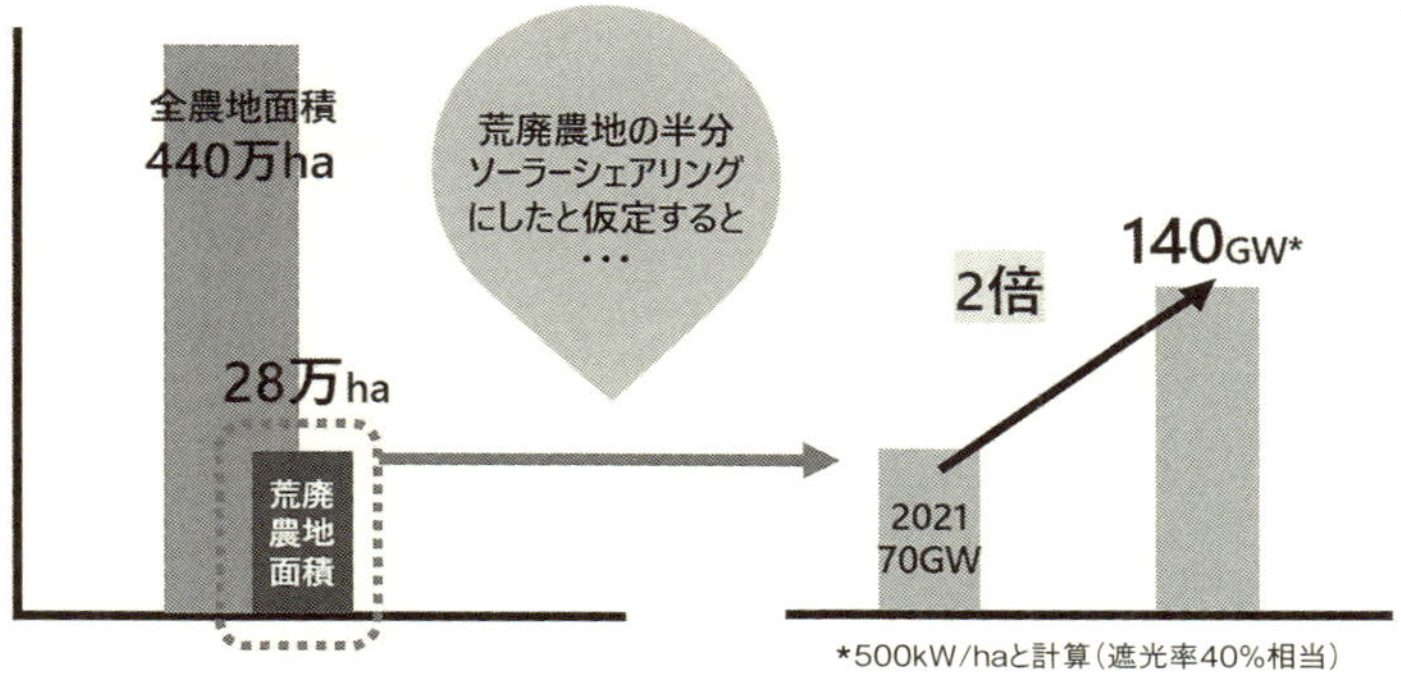

*500kW/haと計算（遮光率40%相当）

相模原市の事業者とのご縁で、今日に至っています。

相模原市は神奈川県最北に位置し、「人」の字のような地形です。東側は平地で東京都に、西側は山地で山梨県に接しています。人口72・５万人の政令指定都市で、南区・中央区・緑区の３区があり、東京都に隣接する南区と中央区に人口の約８割にあたる55・７万人が集中しています。残る緑区の面積は広大で市の約77％を占めるものの、人口は約２割、17万人ほどです。弊社は、その緑区の農村部でソーラーシェアリングを始めました。もともと「津久井郡４町」と呼ばれ、２００６年に広域合併して緑区に編入された農村部です。交通アクセスは、中央道、圏央道のインターからいずれも車で約15分。この地域（緑区青野原前戸地区）で唯一の学校の生徒数は学年平均わずか７人です（２０２３年５月１日現在）。

そういう地域なので「エネルギー・農業・地域の課題解決」の３つが、かなう取り組みにしたいと考え、２０２０年に初めて太陽光発電所をつくりました。そして、その太陽光パネルの下でブルーベリー栽培を始めました。栽培する作物は、日照、気象、栽培立地、作物特性、生育条件、コストなど、ビジネスとして成り立たせるためには何がいいか？　化石燃料による加温が必要なんて、ばかげたことにならないよう、20種類ぐらいの作物を検討した結果、「収穫まで最低約2年かかるけれど、ブルーベリーがよさそうだ」と行き着いたのです。

4つの事業コンセプト

おかげさまで、2022年6月に観光農園『**さがみこベリーガーデン**』をオープンできました。現在、ブルーベリーは36種類植えています。500円玉ぐらいの大粒のブルーベリー(写真・上)がいっぱい取れるんです。収穫体験は、自由に摘み取っていただくスタイルです。来園客は、2022年の夏は約5000人、2023年の夏は倍の約10000人でした。タルト生地を用意して、摘んだブルーベリーをその場でトッピングして食べてもらうなど、工夫を凝らしたおもてなしで楽しんでいただいています。他に、授粉のための養蜂もしているので、ハチミツの販売はもちろんのこと、ハチミツ搾り体験も始めたら好評でした。

さがみこベリーガーデンの事業コンセプトは4つです。

ひとつ目は**「食とエネルギーの地域生産」**。現在、消費電力量は312KW（キロワット）弱。FIT（固定価格買い取り）売電に加え、PPA（太陽光発電設備の無償設置）で、FIT売電をしない（Non-FIT）発電所を2基つくりました。今後、約2年間で2MW（メガワット）くらいまで拡大しようと進めています。

ふたつ目は**「未来志向の栽培方法」**。ブルーベリーはポット栽培です。養液栽培で早期収穫でき、品質も安定して省力化を図れます。私たちは、農業は素人でしたが、農業事業として成り立たせるには〝品質と安定生産〟が必要です。自動車部品メーカーを退職後、独力で観光農園を始めて成功された方のやり方を参考にしました。弊社にもメーカー出身の技術者や生産管理経験者がいたため、「これなら自分たちでも手が届く」と思えました。

3つ目は**「多様な雇用の創出」**。私たちは半工業的な農業をしており、それはつまり「脱職人化」と言えます。いろんな人に働いていただいています。中山間地で、いきなりたくさんの雇用を生み出すことは難しいです。急に「近隣の集落からフルタイムで300人の雇用を生み出そう」などと考えると、ハードルが高くなってしまいます。でも地域には、仲間とおしゃべりしながらお小遣いを稼げるくらい働きたい、というシニア女性がいらっしゃる。そういう人に、朝の収穫をお願いしています。また、保育園にお子さんを預けた後、2時間ほどだけ働きたいとご希望のママさんもいらっしゃる。そうすると、シニアの方の朝摘みブルーベリーを、お子さんを預けたママさんたちが選別して箱に詰めて出荷する、という連携作業が成立しました。「子連れ勤務OK」ですから、ママさんたちから「すごく助かります」と感謝されています。

また、弊社は障がい者のB型就労支援事務所と提携しており、週20時間以下の非雇用型就労で、農園の掃除、草取り、ジャムやソースの加工品製造などの軽作業を、障がい者の方にしてもらっています。これが4つ目の**「農業の6次化へのチャレンジ」**に関わる人材です。

今後も収穫体験だけでなく、作物の加工にも注力し、新商品の開発に取り組んでいきます。多様な雇用は、個人に合った働き方、生きがい、やりがいの場の提供につながる。規模は大きくなくてもニーズにあった働き方ができる場をつくることは非常に大事だと実感しています。

広がるコラボレーション

さらに、さまざまな主体とのコラボレーションも図っています。ソーラーシェアリングは、SDGsを学ぶのに適したフィールドで、いろんな体験学習が可能です。個人でなく企業で学びに来たり、大学の先生がゼミで学生を連れてきたり。子供から大人まで、来訪者は幅広いです。

農業、食、エネルギー、観光、教育など、単体だけでなく〝掛け合わせの相乗効果〟で収益が増えるプロジェクトを考えるうち、個人と組織の連携も生まれ、最初は点だったものが線に

なり、面が徐々にできてきている感じがします。

上はソーラーシェアリングでブルーベリーを栽培し、大勢の人が楽しく集っているイラストです。描いてあるホビットハウスは、実際には農地の規制で建てられないのですが、人が集い、ブルーベリーを味わいながら自然のなかで楽しみながら学んでいただく。そんな〝つくりたい世界のイメージ〟を表現してもらいました。こうやって世界観を共有しながら、いろんな人を巻き込んでいきたいのです。

その実例をふたつ紹介します。

ひとつ目は、相模原市が所有しているルノーの小型ＥＶ。活かしきれてないと聞いたので、これを活用して**〝カーボンニュートラルなツーリズム〟**の実証実験をしました。熱意ある事業者と一緒に協議会を発足させて、30〜40代の人が中心になって動いたら、観光庁事業として実現しました。特産品を開発したり、拠点整備したり、モニターツアーでルートをつくったりしています。

ふたつ目は、地元のラグビーチーム『**三菱重工相模原ダイナボアーズ**』との連携です。このチームは地域貢献にも熱心で、２０２２年の夏はブルーベリーファームに2回も来てくれました。じつは私は高校時代にラグビーをしていました。「いつかチームとつながれたらいいな」と思っていたら、市の方がつないでくださいました。「地域に根ざしたクラブチームになりたい」と引き受けてもらえたので、地域の魅力を発信する形で選手とのコラボが始まりました。

困難を利点に換える

しかし、順調に進んだ話ばかりではありません。新しいこと始めようとすると壁にぶち当たります。一番驚いたのは、いきなり相模原市から「ソーラーシェアリングのパネルの下で観光農園はできません」と、言われてしまったことです。

いったい、どういうことなのか？　ソーラーシェアリング施設は建築基準法から除外されているため、許可を得れば農地にも設置できます。しかし、国土交通省が出しているソーラーシェアリングに関する技術的助言に、「パネル下では特定の農業者が営農すること」という決まりがあるのです。地域により見解は異なりますが、相模原市は「観光客＝不特定多数」と考え、ソーラーシェアリングの下で観光農園はできない、という見解でした。

さて、どうしたものか？　そこで知恵を絞って「会員制」を提案しました。会員なら不特定ではなく「特定多数」です。これで行政の理解も得られ、無事に開園できたのです。

実際、不特定多数の人が押し寄せたら、地域住民とのトラブルにもつながりかねませんが、会員制なら、きめ細かいサービスもでき、結果としてマーケティング的にもよかった。年会員制度で法令順守、地域配慮、収益安定化、マーケティング向上と一石四鳥です！

現在、さがみこファームは個人会員３００人、法人会員11社に拡大しました。

こうして多面的に事業を進めていたら、小売会社を通じて「御社の電気、買えませんか？」と、相模原市内の通販会社である『株式会社フレックス』さんから問い合わせがきました。ＦＩＴ電気なので「特定卸供給」ということにすれば販売可能です。ただ私たちは「地域共生」や「地域活性化」目的で事業展開しているので、単に電気を売るのではなく「一緒に地域づくりをしてくれるパートナーであれば、お売りできます」とお答えしました。このときに、法人会員制度をつくったのです。

ビジネスモデルは、法人会員に電気を販売し、福利厚生で農業体験を楽しんでいただく。農産物も販売して地域循環を生み出す、というもの。〝人・作物・電気〟を地域のなかで回していくことで、地域も会員さんも弊社もハッピーになる。環境省では「地域循環共生圏」と呼んでいます。相模原市も、これを標榜していますので、市の政策にも合致し、株式会社フレックスさんは法人会員第1号となりました。その後、法人会員も数は増えて、現在は11社です。

他に、こんなこともありました。2019年の台風19号で、この地域が被害を受け、「今度送電線が壊れたら陸の孤島になってしまう」と、当時の自治会長夫人が不安を感じられていました。そこで、自治会と何度も話し合った末、自治会と非常時の電源供給協定を結びました。自治会にポータブルの蓄電池を備えてもらい、発電所の自立電源から充電することにしたのです。

最初、弊社は「全部開放します」と言いましたが、自治会は「現地に着くまでに細い道もあるし、災害時にいろんな人が来ると二次災害になりかねない」とおっしゃる。自治会への不加入者問題もありました。協定を結んだ自治会の会員のみが利用できると決めて、自治会にポータブルの蓄電池を保持してもらい、毎年持ち回りで変わる役員や地域防災員が、年1回の防災訓練のときに、その蓄電池を持ってきて充電するという形に落ち着きました。

訓練に組み入れての実施です。弊社のことも知ってもらえるし、非常時のリハーサルにもなる。これがローカル紙の一面トップに掲載され、それを読んだ地元の中学校の校長先生から「職場体験の受け入れをしてくれませんか」との依頼もきました。それ以来、毎年地域の小中学生の農作業体験を実施しています。また、生徒プロデュースのイベントもやりました。

地元の若者たちは「この地域にはなにもない、外に出たい」と考えているようで、弊社のことも「このなにもない地域に、なんでこの人たちはわざわざ来たの?」と不思議に思っていましたが、農作業を体験し、私たちと話すことで、少しずつ考えが変わってきていきます。私たちは農業を希望や誇りを持てる産業に変えて、今の若者が将来働ける場を作りたいのです。

よそ者への警戒感

ただし、私たちは地域にとっては、しょせん、よそ者なんです。地元の人や地元出身の人が起業したら応援してくれるとしても、よそ者は同じようにはいきません。過疎地域で人材が少ないので、外から人を引っ張ってきたり、Iターンで事業をやったり、大企業の一部が事業参画する場合も、いざ立ち上げるとなると「別にそんなこと望んでない」となりがちです。

私たちも、この点には非常に注意しています。なんでも〝ありがた迷惑〟になってしまうかもしれない、と思って着手するのと、そう思わないのとでは、なにかと違ってくるものです。地域には、それぞれの歴史、文化、生活習慣などがあり、「三代前の曾祖父の代にけんかしたあの家とは口をきかない」みたいなことはザラ。いろんなしがらみを背負って暮らしている。それをないものにしようとか、「今はこういう時代だから」と、新しいことを強引にやろうとしたら、反発を食らうだけです。地域の人を抵抗勢力のように思ってしまうと、先方はこちらを侵略者だと見なします。そこを自覚して地域に入ることが、非常に大事だと私は思います。

私の経営している、もうひとつの会社『**たまエンパワー**』は多摩市にあり、相模原市から、

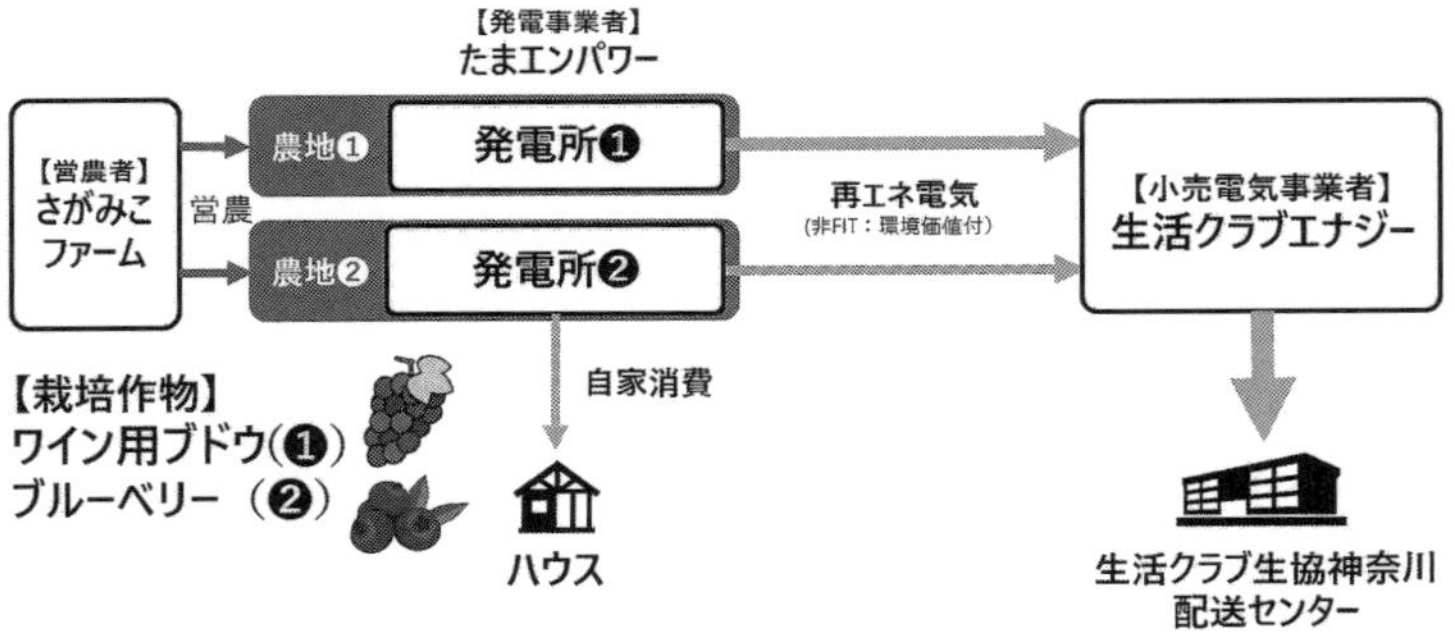

そんなに離れていませんが、太陽光発電会社です。会員制観光農園であるさがみこファームは、地域に根ざした事業にしたいと思い、別法人として相模原市緑区に設立しました。

農業と発電事業の両方を、別の会社としてやったことは、結果的によかったです。発電事業者として地域に入ると、地元の人から警戒されて、近寄りにくい存在に思われがちだからです。「東京からよくわからない会社が、金もうけに来た」みたいな印象で見られてしまいます。

しかし農業だと、地域の人にとって親近感が持てて、仲間として受け入れてもらいやすい。当然努力は必要ですし、農業がその地域の基幹産業ならではの話ですが。

２０２３年、弊社はＦＩＴ制度に頼らない新たな発電所を始めました。この事業の構図は上の図です。生活協同組合の『**生活クラブ**』と連携して需要者とのＰＰＡ（電力購入契約）を、ふたつ進めています。

工夫した点は〝ファンづくり〟です。小口の寄付を募って発電所をつくるというのは、生協特有のやり方かもしれませんね。

どういうことをしたかと言うと「再エネはいいと思うけれど、自分はマンション住まい。自宅に太陽光発電パネルは設置できない」といった人は潜在的にいます。そこで「こういう発電所なら応援したいと思ってくれたら、1000円一口の寄付をお願いします。発電所の名前をつける権利として建設資金に組み入れます」と告知したところ、2か月で1100人も寄付してくれたのです。これにはびっくりしました。「小口」なので大きな額にはならないのですが、ファンが1000人増えたと解釈すると、けっこうなパワーです。増えた「コアファン」に新たな仕掛けができる。これを大きな計画に結びつけたいのです。発電所づくりの共感者をどのように外から巻き込むかは非常に大事なことです。これは、意識しながら進めています。

そうしていると弊社は2023年に資源エネルギー庁から**「地域共生型再生可能エネルギー事業顕彰（＝地域共生再エネ顕彰）」**をいただきました。

「地域共生」についての弊社の考えや取り組みをまとめると次のようになります。

■地域共生

①地域防災（災害時の電源供給）
②地域雇用（地域住民にとっての働く場の提供）
③教育連携（職場体験、総合的な学習の時間）

■自然共生

①景観自主規制（発電所立地の協議とゾーニング）
②環境再生（切盛場所の復元、近自然工法）
③生物多様性保全（殺虫剤フリー、減農薬栽培）

再エネが求められている今、弊社のような発電事業者を選んで電力を調達する企業に対して、他社の発電所との違いがわかるよう、ラベルづけや買い取り価格の違いの明示など、優良発電所が広がるしくみが必要になります。悪い発電所のニュースに引っ張られて「再エネはけしからん！」とならないよう、適正評価を社会に示すことは、絶対に必要だと思います。

成功するためのポイント

地域共生型事業が成功するポイントは7つです。

1番目は**「継続する事業をつくる」**。どんなに社会貢献を掲げても、ボランティアだけでは続けていけない。

2番目は**「地域の特徴を最大限に活かす」**。当然、地域ごとに、その場所の特徴は異なり、簡単に「横展開」とはいきません。特に農業はそうですね。太陽光があってパネルが一緒でも、その活かし方は地域ごとに違う。他の地域を真似しようとしてもうまくいかないです。

３番目は**「事業者の強みとの掛け合わせ」**。相模原市は自然が豊かで、都市に近接しているのが地域の特徴です。掛け合わせる弊社は太陽光エネルギー開発をやっていたし、体験農業や教育に必要な生産管理のできるスタッフもいました。「弊社のビジネスと相性がよさそうだな、農作物はブルーベリーかな……」と、活かせる方法を考え続けて今日に至っています。

４番目は**「地域・自然に寄り添い、保全・活用していく」**。文字にするときれいに見えますが、中山間地の農業は野生鳥獣との戦いです。農作物を守らないと食われてしまうので、きれいごとでは済まされません。それをひっくるめてどうつきあっていくかが求められます。

５番目は**「人を呼び込む仕掛け」**。弊社は、観光との掛け合わせで会員制を取り入れ、法人の引き入れ、学校との連携も図りました。他にもいろいろな切り口があると思います。

６番目は**「行政と民間の協働」**。行政には行政、民間には民間にしかできないことがあります。役割分担をしてタッグを組んでやっていく。ここで間違えるとうまくいかないです。

そして最後、７番目は**「人任せにしない」**。自分で考えないとダメです。考えたうえで足りないものを外部から補うことが必要と思います。たとえば地域商社のような方法もあるでしょう。余った電気を地域外に売って地域収入にすることもできるでしょうし、地域の雇用創出も可能でしょう。首都圏の自治体との連携などにつながる方法もあるかと思います。

column

まちあすことば小辞典❶

関係人口【かんけいじんこう】

前回の国土形成計画（2015年8月）で生まれた概念で、「移住者ではなく、観光客でもない、特定の地域に継続的に多様な形で関わる人」のことを指します。現地を訪れ、地域づくりプロジェクトに直接寄与したり、現地の産業に副業的に就労したり、または、その地域外に本業をもってテレワークするような人。観光客との違いが曖昧ですが、リピーターとして地域の人と交流したり、趣味活動を楽しんだりする人たちも指します。さらに、現地に来るわけではないけれど、特定の地域の仕事を請け負う人、情報発信やオンライン交流等を継続的に行っている人たちも含みます。

日本全体で高齢化が進み、総人口が減少しつつあるなか、定住人口を維持するほどの移住者の確保は現実的ではありません。しかし、関係人口の増加なら工夫できます。

2014年、日本創成会議の人口減少問題検討分科会が出した提言で「東京への人口流出がこのまま続くと、全国約1800市町村のうち、およそ半分の896市町村は、いくら出生率が上がっても将来的には消滅してしまうおそれが高い」と指摘して大きな話題となりました。この提案では、出生率向上のカギを握る20～39歳の女性人口が2010年から2040年までの間に50％以上減少するかどうかという観点から消滅可能性を指摘していました。この推計方法が単純すぎると専門家から批判も出ましたが、この提案は地方行政を現実的な方向へ転換させる契機となりました。

生まれた赤ん坊が成人するまでに20年かかります。したがって、出生率が多少上昇したとしても、人口減少トレンドは変わらず、当分の間はゼロサムどころかマイナスサムです。それにもかかわらず、長らく地方行政の現場では「人口が減る見込み」と言い出せず、「人口維持」という非現実的な目標を掲げた計画ばかり立案していました。

そのような膠着状態に、この提言が風穴を開けたのです。

鉄道や高度医療、高等教育、コンサートホールや博物館などの文化施設を維持していくためには、その地域に一定の人口と経済規模が必要です。

しかし、広域圏で人口を維持するといっても、地域を活性化することが先決ではないか。そして、地域を活性化できるだけの人口を維持するには、その地域に継続的に関わってくれる人々を、圏域外も含めて増やすことから始めるのが現実的ではないか。

そういった文脈で、前回の国土形成計画のもと、2016年から「関係人口」の議論が活発になされるようになりました。

第4講

これが「デジタル田園都市国家構想」

元内閣審議官・デジタル田園都市国家構想実現会議事務局 次長
清瀬和彦さん

1987年 建設省(現・国土交通省)入省後、まちづくり政策、住宅政策、土地政策等に関するポストを歴任。2021年内閣官房にて地方創生施策(デジタル田園都市国家構想)の取りまとめに従事。2022年10月より東急不動産ホールディングス株式会社顧問。現職。

地方創生政策を考える背景

私は国土交通省で、まちづくり政策などを担当した後、2021年から1年間、総理大臣のお膝元にあたる内閣官房の「デジタル田園都市国家構想実現会議事務局」におりました。各府省の地方創生施策を取りまとめ、政府として総合的に推進する役割を担う立場でした。

「デジタル田園都市国家構想」ということばは聞き慣れないかもしれませんが、これは2021年に当時の岸田政権が肝煎りで打ち出した、新たな地方創生政策の枠組みです。これから、国の地方創生政策について、順にご説明します。

地方創生に関する政策は、多岐にわたる行政分野で実施されております。今回は、あまり各論に入らず、全体のアウトラインをご説明します。

まず、地方創生政策の背景を示す４つのデータについてです。

ひとつ目は、**日本の人口の長期推移**です。２００８年、日本の総人口はピークに達し、今は急激な減少局面に入っています。毎年平均50万人以上減少しており、高齢化も進んでいます。政府は少子化対策に一生懸命ですが、さらなる人口減少は避けられない状況です。

ふたつ目は**地方圏と大都市圏（東京圏、大阪圏、名古屋圏）の人口移動（転入超過数）**です。昭和の高度経済成長期に大都市圏への人口集中のピークがあり、その後、これまでに2回の「人口移動均衡期」があります。1回目は１９７３～１９８０年。2度のオイルショックがあり〃地方の時代〃とも言われました。2回目は１９９３～１９９５年。バブル経済が崩壊し、東京圏が初めて転出超過になり、地方圏との逆転現象も見られました。しかし、その後ずっと大都市圏、特に東京圏への転入超過が続いています。リーマンショックやコロナ禍のパンデミックのときなどに、一時的に縮小しますが、基本的には、東京圏が転入超過、大阪圏、名古屋圏が横ばい、その他の地方圏は転出超過が続いています。

３つ目は、**東京圏の年齢階級別の転入超過数**です。転入超過の大多数は15〜29歳です。大学進学や就職などで東京圏に出てきたまま戻らない方が多い、ということです。男女別だと女性の転入超過が多いです。また、壮年期になると、若干ですが転出超過になっています。

４つ目は、２０００年以降の、**自治体の人口規模別の人口推移**です。人口１万人未満と１〜５万人の小規模自治体では、２０００年を基準とすると、すでに２０２０年で人口が８割〜７割まで減少しています。もう少し大きい人口５〜30万人の自治体も、２０４０年には、人口が８割〜７割に減る見通しです。50万人以上の大きな自治体でも、２０２０年以降は減少していきます。現在人口１００万人以上の大都市は、東京都の特別区（23区）、横浜市、大阪市、名古屋市、札幌市など、全国で11ありますが、すでに横浜市、札幌市、神戸市、京都市、広島市の５市で人口減少が始まったと新聞（２０２３年10月16日付 日本経済新聞）に出ていました。

私たちは、このような状況を前提として、地方創生政策を考えなければならないのです。

これまでの地方創生政策

２０１４年は地方創生が大きな政治課題となった年です。

それ以前から地方に関連する政策はさまざまありました。「全国総合開発計画」や各地方ブロックの計画、過疎地域や山村、離島といった特定地域の振興法、国の権限や財源を地方に移していく地方分権の流れ、首都機能移転や政府機関移転など地方分散の試み、特定の地域に限って規制緩和などを行う特区構想、さらに２００２年には**「都市再生特別措置法」**、２００５年には**「地域再生法」**が成立しています。

これらの施策の多くは、少しずつ形を変えながら現在まで継続しています。

そういう状況のなかで、２０１４年。有識者グループ**「日本創成会議」**から「このまま東京一極集中に歯止めがかからず推移したら、将来、全国の多くの地域は、若年女性人口が減少し、消滅してしまう」というショッキングな報告書が出ました。

それまでの地方創生施策は各省バラバラに進められていましたが、２０１４年、総理を本部長とし、全閣僚を本部員とする**「まち・ひと・しごと創生本部」**が設置され、政府をあげて地方創生に取り組む体制が、あっという間にできました。

同じく２０１４年、新法として、**「まち・ひと・しごと創生法」**が制定されました。法律名の「まち・ひと・しごと創生」は、地域において、まちづくり、人材の確保、しごとの創出を一体的に進める、という意味の造語です。**「まち・ひと・しごと創生総合戦略」**には、次の４つの基本目標が掲げられました。

1. 稼ぐ地域、安心して働ける地域をつくる
2. 地方とのつながりを築き、地方への人の流れをつくる
3. 結婚・出産・子育ての希望をかなえる
4. 人が集う、安心して暮らせる魅力的な地域をつくる

その後、2021年まで、基本的にこの枠組みのもとに多様な施策が推進されてきましたが、その後も東京一極集中傾向は続いており、地方創生はまだまだ道半ばという状況です。

岸田政権の公約 デジタル田園都市国家構想

2021年10月に岸田政権の公約としてデジタル田園都市国家構想が打ち出され、総理が出席する**「デジタル田園都市国家構想実現会議」**の場で、その具体的な検討が始まります。

デジタル田園都市国家構想の基本的考え方は、以下のとおりです。

・デジタルの力を活用して地方創生を加速化・深化し、全国どこでもだれもが便利で快適に暮らせる社会を目指す
・地方の社会課題解決を成長の原動力とし、地方から全国へとボトムアップの成長につなげる

・デジタル実装に向けて、交付金の活用等により、各地域の優良事例の横展開を加速化する

特定の地域を選んでピカピカのデジタル技術を入れるのではなく、すでにあるデジタル技術を横展開して、全国のさまざまな社会課題を解決していく、そのこと自体が成長の源泉となり、これまでのまち・ひと・しごと創生の取り組みを、さらに発展させていくということです。

ここでデジタル田園都市国家構想の**「田園都市」**ということばについて、少し補足的にお話しします。

田園都市とは、産業革命の進むイギリスで、「都市の利点と農村の利点を融合させた第三の都市形態」として提唱された概念です。20世紀初めに日本にも伝わり、実業家の渋沢栄一らが設立した田園都市株式会社、また戦後、五島慶太らが主導した多摩田園都市の開発などにつながりました。１９７０年代に入って、当時の大平政権が、この田園都市の考え方を国家構想として取りまとめますが、地方の時代は長く続かず、人口の東京への再集中が進んで、この構想は頓挫します。現在のデジタル田園都市国家構想は、大平政権の田園都市国家構想の考え方に、非常に近いものがあります。

総理出席の会議を重ね、２０２２年末に、**「デジタル田園都市国家構想総合戦略」**がまとまりました。２０２３年から5か年間の、地方創生の総合戦略です。

大きく、**「デジタルの力を活用した地方の社会課題解決」**の部分と、それを下支えする**「デジタル実装の基礎条件整備」**の部分に分けられます。前者は、「地方に仕事をつくる」、「人の流れをつくる」、「結婚・出産・子育ての希望をかなえる」、「魅力的な地域をつくる」の4つのパートに分かれており、後者は、基本的に国が主導する取り組みで、「デジタル基盤の整備」、「デジタル人材の育成・確保」、「だれひとり取り残されないための取り組み」に分かれています。

デジタルの力を活用した地方の社会課題解決

地方創生で大切なことは地方に仕事をつくり、そこが〝稼げる地域〟になることです。

主要な施策として、まず、スタートアップ・エコシステムの確立です。

これは官民連携で、全国にスタートアップが育ちやすい環境整備を進めることとしており、全国8か所の拠点都市を選定しています。

それから、地方を支えるのは、地域の中小企業であり、農林水産業であり、観光産業である、という認識のもと、それぞれについての施策が盛り込まれています。まず、中小・中堅企業のDX化。経済産業省・中小企業庁を中心に、専門人材の確保や生産性向上投資の支援、キャッシュレス決済の拡大などの施策が含まれています。

続いてスマート農林水産業・食品産業。たとえば、センサーやリモートを使った農機の遠隔操作、ドローンを活用した農薬の適量散布、アシストスーツを活用した作業の軽労化など、農林水産省を中心に、手厚い支援策があります。水産業の関係では、「デジタル水産業戦略拠点」があり、資源管理から生産、加工・流通、消費まで、各段階のデジタル化を地域一体的に行うという取り組みで、2027年までに5地域で実現させることになっています。

さらに観光分野のDX。観光産業は、コロナ禍で非常に厳しい状況でしたが、新型コロナの5類移行後はインバウンドも回復しつつあり、今後の一層の成長が期待されています。

例として、シームレスな予約・決済が可能な地域サイトや、顧客予約管理システムの導入、旅行者の移動、宿泊などのビッグデータを用いたマーケティング、地方大学との産学連携による観光デジタル人材の育成などがあります。

次に、地方への人の流れをつくること。KPI（重要業績評価指標）のひとつとして、地方と東京圏の転出入を2027年度に均衡させる、という野心的な目標を掲げています。

地方移住促進のため、「企業の本社機能の移転」に加え、地方創生テレワークなど〝転職なき移住〟を進めることにしております。また、完全な移住には至らなくても、〝観光以上、定住未満〟で特定の地域にずっと関わっていく「関係人口」を創出・拡大する施策も盛り込まれています。地方創生の担い手確保の観点からもこれは重要で、具体的には、マッチングに取り組む組織の支援や全国版プラットフォームでの情報発信を行っています。さらに、都市と地方の二拠点を行き来する「二地域居住」も推進しています。

地方大学、高校の魅力の向上も、重要な施策です。まず、産学官連携での地方大学の振興。地域大学・地域産業創生交付金により、地域に魅力ある学びの場・雇用の場を創出しています。都市部の大学の、地方へのサテライトキャンパス設置も推進しています。

高校生の「地域留学」という、文部科学省と内閣府の連携による取り組みもあります。

そして、結婚・出産・子育ての希望をかなえる。これは必ずしも地方に限った施策ではありませんが、厚生労働省や、こども家庭庁を中心に、さまざまな施策が盛り込まれています。デジタル技術を積極活用しながら、総合的な少子化対策、結婚・出産・子育ての支援策を進めています。

地方の社会課題解決の最後に、デジタルを活用した魅力的な地域づくりについて、代表的なものを3つご紹介します。

ひとつ目は**「教育DX」**。文部科学省が、全国の小中学校で、生徒ひとりに1台、パソコン端末を用意する「GIGA（ギガ）スクール構想」を進めています。デジタル教科書や教材の充実、中山間地域や離島での遠隔教育の推進などの施策が盛り込まれています。

ふたつ目は**「医療・介護分野でのＤＸ」**。オンラインによる遠隔診療や服薬の指導、全国ネットの電子カルテシステムの整備などです。

３つ目は**「地域交通分野でのＤＸ」**。地方では、人口減少による鉄道の廃線やバスの減便などが大きな問題になっており、たとえば、過疎地など地域限定型の「自動運転サービス」の実証実験も行われています。官民の共創、交通事業者間の共創、他分野を含めた共創、３つの共創により、地域交通のリ・デザイン（再構築）が進んでいます。

この他に、魅力的な地域をつくる、という分野では、ドローンや配送ロボットなどによる物流改革、インフラ分野やまちづくり分野でのＤＸ、文化・スポーツ活動を通じたまちづくり、防災・減災のデジタル施策などが盛り込まれています。

デジタル実装の基礎条件整備

デジタルの力を活用した地域課題解決を進めるためには、それを支える基礎条件整備が必要です。この条件整備は、地方それぞれというより、国が主体となって行う施策になります。

まず、デジタルの基盤となる、**デジタルインフラの整備**です。地域でデジタル活用を進めていくためには、デジタルインフラが全国に整備されていなければなりません。国が主体となり、

5G利用可能エリアを全国の99%、光ファイバーを99・9%まで整備します。複数分野でデータを共有・活用するためのデータ連携基盤も整備中です。

次に**デジタル人材の育成・確保**です。現在、日本には高度なデジタルスキルを有する技術者が約100万人いると言われていますが、質・量ともに不足しており、都市部への偏在も指摘されています。この人材をさらに230万人育成し、増やすのが目標です。そのための施策として、まず、人材育成を進めるプラットフォームを構築します。さらに、職業訓練におけるデジタル分野の重点化、高等教育機関における教育プログラムの認定など、デジタル人材の育成を計画的に進め、これらの取り組みを国で進捗管理します。また、育成したデジタル人材に、地域の中小企業や地方自治体などで活躍していただくための促進策も盛り込まれています。

一方で、国による条件整備としては、「だれひとり取り残されない」ための取り組みも重要です。たとえば、高齢者、障害のある方、デジタル機器やサービスに不慣れな方などにも、デジタルの恩恵が行き渡るよう、国から委嘱されたデジタル推進委員が、全国各地の公民館や携帯ショップなどで、きめ細かなサポートを行う体制を整備します。

モデル的な地域ビジョンの例

以上のような施策体系のもとで、各地方においては、自ら地域の特性に応じ、地域の将来ビジョンを描き、それに向けた取り組みを進めることが求められます。デジタル田園都市国家構想総合戦略では、その参考になるよう、国としてモデル的な地域ビジョンを提示し、各省庁が連携して支援する枠組みを、いくつか示しておりますので、ご紹介します。

●スマートシティ

デジタル技術を使った地域づくり、まちづくりの先進的な取り組みを進めようと、関係省庁が合同審査会などの枠組みで支援しています。現在全国51地域のプロジェクトが選定されていますが、２０２５年までに１００地域の創出を目指しています。

●スーパーシティ

スマートシティよりさらに先進的な取り組みです。大胆な規制改革や複数の先端サービスの実現に向けて、大阪府・市、つくば市が「スーパーシティ」に指定されています。加賀市、茅野市、吉備中央町の3市町連携による「デジタル田園健康特区」も指定されました。

●「デジ活」中山間地域

中山間地域では、農林水産業の仕事づくりを軸に、デジタル技術を活用した地域活性化を推進しており、これを関係省庁連携で支援しています。

●大学を核とした産学官協創都市

地方大学を拠点に地域活性化を目指すモデルです。「地域中核・特色ある研究大学総合振興パッケージ」という枠組みに基づき、関係省庁が支援しています。

●ＳＤＧｓ未来都市

自治体単位でのＳＤＧｓへの取り組みを支援するモデルで、自治体どうしの広域連携の取り組みも支援しています。すでに１５０超の都市が指定され、２０２４年までに２１０都市に広げようと進めています。

●脱炭素先行地域

地方創生と脱炭素を同時に実現するモデルです。民生部門の消費電力需要を、再エネによる電力供給と省エネによる削減分で賄う地域ということで、さまざまな分野の施策との連携や地域間の連携が期待されています。

以上が、デジタル田園都市国家構想に基づく地方支援策の全体像です。

内閣官房が主体の支援策

地方創生の具体的な施策は、多くの場合、所管する各省庁が実施しますが、複数の政策分野を横断するような施策については、内閣官房あるいは内閣府が実施しています。以下では、内閣官房が主体となって実施していた支援策を、いくつかご紹介しましょう。

●デジタル田園都市国家構想交付金

以前は、頭に「地方創生」をつけたいくつかの名称で呼ばれており、2016年からずっと、当初予算で1000億円、補正予算で約600〜800億円をいただいていました。令和5年度予算からデジタル田園都市国家構想交付金の名称に統一されており、令和6年度当初予算で1000億円、令和5年度補正予算で735億円が措置されています。デジタル田園都市国家構想交付金は、大きく4つのタイプに分かれ、それぞれに、またいくつかのタイプ分けがあります。主なものだけ、ご説明します。

■デジタル実装タイプ（TYPE1/2/3/S）

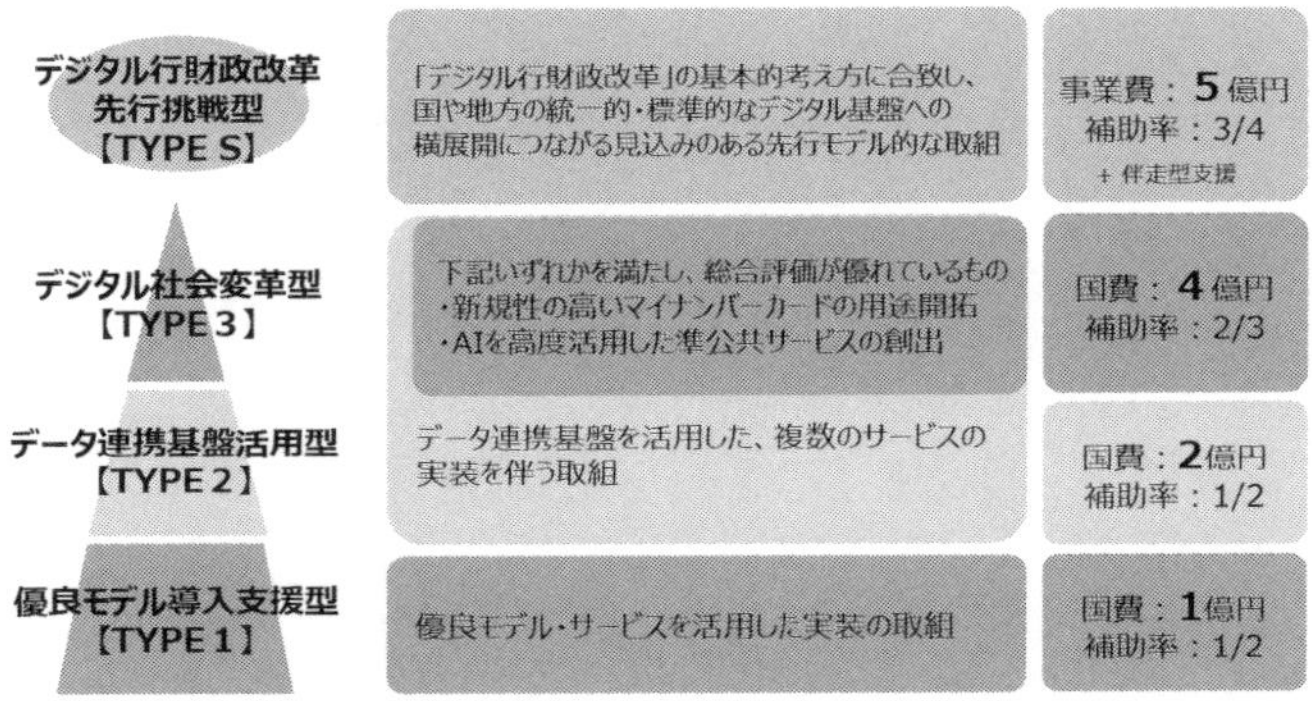

デジタル行財政改革 先行挑戦型 【TYPE S】	「デジタル行財政改革」の基本的考え方に合致し、国や地方の統一的・標準的なデジタル基盤への横展開につながる見込みのある先行モデル的な取組	事業費：**5**億円 補助率：3/4 + 伴走型支援
デジタル社会変革型 【TYPE 3】	下記いずれかを満たし、総合評価が優れているもの ・新規性の高いマイナンバーカードの用途開拓 ・AIを高度活用した準公共サービスの創出	国費：**4**億円 補助率：2/3
データ連携基盤活用型 【TYPE 2】	データ連携基盤を活用した、複数のサービスの実装を伴う取組	国費：**2**億円 補助率：1/2
優良モデル導入支援型 【TYPE 1】	優良モデル・サービスを活用した実装の取組	国費：**1**億円 補助率：1/2

（注）上記のほか、計画策定支援事業において、デジタル実装に取り組もうとする地域の計画づくりを支援し、地方創生テレワーク型において、サテライトオフィスの整備・利用促進等を支援。

・デジタル実装タイプ

まず、デジタル田園都市国家構想に基づいて、新しく創設されたのが、これです。まさにデジタル実装の経費そのものを支援するというものです。

上図の左側のピラミッドをご覧ください。一番下のTYPE1から一番上のTYPE Sまで、上にいくにつれ、高度な内容になります。

一番下の**「優良モデル導入支援型（TYPE1）」**が特徴的です。これは地域の独自性は必要なく、すでにどこかの自治体が導入している取り組みのカタログのなかから、自分たちの地域の課題に合うものを導入する場合、いわゆる〝横展開〟する場合に、その経費の2分の1が補助されるというしくみです。このデジタル実装タイプのバリエーションとして、**「地方創生テレワーク型」**もあります。地方でのサテライトオフィス整備や、都市部企業の当該オフィス利用、進出企業と地元企業の連携事業などを支援対象とするものです。

・地方創生推進タイプ／地方創生拠点整備タイプ

「地方創生推進タイプ」と**「地方創生拠点整備タイプ」**は、以前はそれぞれ単独の交付金でしたが、デジタル田園都市国家構想交付金のふたつのタイプとして、概ねそのまま維持されました。地方創生推進タイプは、自治体の創意工夫を活かしたソフトな取り組みに対して、最長5年にわたり、経費の2分の1を補助するものです。地方創生拠点整備タイプは、ハード施設の整備に対し、２分の１を補助するものです。２０２２年度から民間事業者による施設整備を自治体が補助する場合も、補助対象になりました。

・移住支援金・起業支援金

地方創生推進タイプのバリエーションとして、移住や起業の支援金があります。移住支援金は、東京23区に居住あるいは通勤していた人が地方に移住する場合に、いくつかの要件を満たせば、１世帯あたり最大１００万円、さらに子育て加算として子供ひとりあたり最大１００万円の支援金が交付されるという事業です。自治体が移住者に支給する経費の2分の1を、国が補助する形です。また、地方で起業する場合には、一定要件を満たせば、起業資金として、ひとり最大２００万円が支給されます。

●Digi田（デジでん）甲子園

２０２２年にスタートしたイベントです。「デジタル技術で、地方のどんな課題がどう改善されるのか、よくわからない」という声に応じて、始まりました。夏の甲子園と冬の甲子園があり、夏は公共団体対象、冬は民間企業などが対象。「甲子園」と銘打っていますが、高校生限定ではありません。デジタルで地域課題解決に取り組む団体や企業を広く募集し、国民参加のインターネット投票と有識者審査で、優秀な取り組みを選び、総理が表彰します。

●企業版ふるさと納税

地方公共団体が行う地方創生の取り組みに対し、企業が寄付した場合に、寄付金の最大９割まで法人関係税が控除されるという施策です。個人のふるさと納税ほどではありませんが、企業版も、金額、件数ともにかなり増えていて、自治体によっては年間10億円以上の寄付を集めたところも出てきました。

２０２０年に人材派遣型というタイプもできました。企業が公共団体に派遣した人材が、地方で寄付活用事業に従事する場合は、その寄付金を人件費に充ててよいというものです。公共団体にとっては、人件費なしで企業人材を活用できる、企業にとっては、税の軽減に加えて地域貢献ができ、人材育成の機会にもなる、と両者にメリットがある制度です。

●地方創生人材支援制度

総務省の地域おこし協力隊とは別に、内閣官房が主体となって、国家公務員、大学の研究者、民間企業の専門人材等を、地方公共団体の副市町村長やアドバイザーとして派遣する制度です。人件費は国家公務員の場合は地元負担。大学研究者・民間企業の場合は派遣元との協議で決めます。毎年秋頃、地方公共団体から希望を募り、うまくマッチングすれば、4月に派遣するというサイクルです。

●地域経済分析システム（RESAS：リーサス）

２０１５年からWebで無償提供されているシステムです。地方創生を進めるうえで、地域の実態を正確に把握し、見える化することは非常に重要です。「人口」「地域経済循環」「産業構造」など、86のメニューがあり、各地域のデータ分析ができます。さまざまなグラフも簡単に作成できますし、周辺の同規模自治体との比較なども可能です。

地方創生という課題には、住民、ＮＰＯ、企業、自治体などさまざまな立場の方々が、各地域で、連携しながら取り組んでおられます。国もまた、今回ご説明したような多様な支援策を準備して一緒に取り組もうとしています。ぜひ、国の支援策も積極的に活用しながら、真の地方創生を進めていただきたいと思います。

column

まちあすことば小辞典❷

横展開【よこてんかい】

地域を活性化すべく関係人口を増やすための施策は、地域ごとに多種多様です。しかし、やりたい取り組みがあっても、実際にやるとなると簡単ではありません。その障壁として、まず思い浮かぶのは、地方自治体の「厳しい財政状況」です。人口減に悩む自治体は、財政も厳しい状況にあるのが普通です。新たにやりたいと思っている施策について、地元議会の議員たちが好意的であったとしても、先立つもの（＝お金）がなければ議会としても予算をつけることができません。

そこで地方自治体の職員としては、国や都道府県から補助金を持ってくることができないかどうか検討することになります。そのとき、考えがちなのは「よほど先導的、先駆的な事業でなければ補助対象にならないのでは？」という危惧です。

そんな心配を払拭することばが「横展開」です。

じつは地方創生関連の補助対象は意外に幅広く、他の地域がすでに実施している先駆的な優良事例を、そのまま〝模倣〟した内容であっても、それを広く普及させること（＝横展開）に役立つと考えられる場合であれば、補助対象になります。

令和3年度補正予算で創設された「デジタル田園都市国家構想交付金」のデジタル実装タイプ（TYPE1）などは、制度の目的そのものが「他の地域ですでに確立されている優良モデルのサービスを実装すること」を支援する、というものです。

自治体の公式LINEの整備や、公共施設予約システムの導入といった、比較的身近で、ありふれた取り組みであっても、ちゃんと支援対象に含まれています。

この「横展開型」を奨励する制度は令和4年度及び5年度の補正予算でも存続しており、ある程度定着したと考えられます。財政難に悩む自治体は、このような補助制度を積極的に活用することを考えるべきでしょう。

ただし、手を挙げれば、なんでも補助がもらえるというわけではなく、申請を採択に結びつけるには、申請期限から逆算してＫＰＩ（重要業績評価指標）も含めた実施計画を作成し、採択された場合の推進体制も事前に整えておくなど、申請前に、そこそこの作業量が必要になってきます。

そのため、市町村長がやる気になっても、トップダウンで指示するだけでは、どうにもならない、という新たな障壁が立ち現れてきます。地方創生の現場において大きなネックになっているのは、じつは予算より、むしろ「自治体の人手不足」なのです。

第2編

これがまちあすの考える地方創生

環境まちづくり支援機構（まちあす）の考える
〝持続可能なまちづくり〟とは、どんなものなのか？
地域の魅力や活力を高めるためになにができるのか？
まちあすの思い描く地方創生の未来図を、ご説明します。

第1章

経緯と思い

地方と都市との共生

私たち一般社団法人 環境まちづくり支援機構（まちあす）は、地方創生を支援する団体として、東急不動産株式会社により2023年7月に設立されました。

私たちの母体となった東急不動産は1953（昭和28）年の設立以来、まちづくりを中心に新たな価値創造を追求し続ける総合デベロッパーです。そのルーツは、渋沢栄一が1918（大正7）年、田園調布を開発する目的で設立した「田園都市株式会社」にあります。

近年では都市開発事業、住宅事業、リゾート事業に加え、太陽光発電や風力発電などの再生可能エネルギー事業（再エネ事業）に力を入れています。2024年5月時点で、全国で100事業所以上、定格容量1・8GW（開発中を含む）と、原子力発電所約2基分にも相当する発電能力を有するまでになりました。

東急不動産は、こうした事業を展開している強みを活かし「WE ARE GREEN」のコンセプトのもと環境先進企業を目指しています。2022年12月には事業所及び保有施設の使用電力を100％再生可能エネルギーへ切り替え、国内事業会社で初めて「RE100」（100％

リエネ銭函風力発電所の風車群（北海道小樽市）

再生可能エネルギーによる事業運営）を達成しました。

　再エネ事業地域、特に風力発電事業地域の多くは過疎化が著しく、人口減少と高齢化が進行しています。まちの存続が危ぶまれる状況にさえ追い込まれている自治体も少なくありません。

　風力発電所の開発を進める過程で私たちは「過疎化待ったなしの地方」と直接向き合い、地方創生の必要性を強く実感するようになりました。

　私たちは、まちづくりを本業とする事業者だからこそ、再生可能エネルギーを、生産地である「地方」から消費地である「都市」に一方的に供給するだけでなく、「都市」が持つ〝ヒト・カネ・情報〟を「地方」に環流させ、「地方」を活性化させるという役割が担えると考えます。

　まちあすは〝「地方」と「都市」との共生〟を目指したいと考えています。

すずらん釧路町太陽光発電所のパネル群（北海道釧路町）

「地方創生」が叫ばれ出して10年が経ちます。

私たちは、これまでの地方創生というのは、個人や小グループの超人的な能力や努力に頼るしかなく、手詰まり感があるのではないか、地域のコミュニティの形成や商店街の活性化だけでは限界があるのではないかと感じています。

まちの持続的な発展には、外部資本の注入を含めた産業育成が不可欠です。外部資本との接点が乏しい「地方」が、「地方創生」を単独で推進していくことは、大変難しいことです。

私たちの母体である東急不動産では、幅広い事業分野を展開しています。そんな私たちだからこそ、全国に広がるネットワークを活用し、「地方」と「都市」とを有機的につなぐことで、「地方創生」のしくみ化が実現できるはずです。

私たちは、東急不動産の「事業プロジェクト」からは少し距離をおいた立場から、地域とじっくり向き合い、地域の人々に寄り添った「地方創生」をお手伝いしたいと考えています。

「地方」と「都市」を有機的につなぎ、それぞれの地域の思いを組み入れて提案することこそ、まちあすに可能な「地方創生」と考えて、日々地方創生に取り組んでいます。
まちあすは〝地方創生のしくみ化〟を目指しています。

第2章 基本認識

地方創生施策の現在地

「地方創生」とは、2014年に策定された国のビジョンと総合戦略に基づき、すべての都道府県と市区町村において策定された**人口ビジョン**と総合戦略です。

今ではバズワードになった「地方創生」ですが、「地方創生」とは、元々は2014年に施行された**「まち・ひと・しごと創生法」**に基づく、**施策パッケージ**のことを指していました。この施策パッケージの目的は、「少子高齢化の進展に的確に対応し、人口の減少に歯止めをかけるとともに、東京圏への人口の過度の集中を是正し、それぞれの地域で住みよい環境を確保して、将来にわたって活力ある日本社会を維持していくために、まち・ひと・しごと創生に関する施策を総合的かつ計画的に実施する」とされています。

第1期総合戦略のなかでは「2060年に1億人程度の人口を維持する」という長期ビジョンに向けて、次の4つの基本目標を掲げています。

1. 地方における安定した雇用を創出する。
2. 地方への新しいひとの流れをつくる。

３．若い世代の結婚・出産・子育ての希望をかなえる。
４．時代に合った地域をつくり、安心な暮らしを守るとともに、地域と地域を連携する。
この４つの基本目標を達成するため、国は**「地方創生版・三本の矢」**で支援しています。
(1)情報支援の矢：地域の人口動向や産業構造、人の流れなどに関するビッグデータを集約可視化したRESAS（リーサス：地域経済分析システム）を運用。
(2)人材支援の矢：デジタル分野を中心に、国家公務員、大学研究者、民間企業社員などの専門的な知見を有する人材を、市町村長の補佐役として派遣。
(3)財政支援の矢：地方創生推進交付金として１０００億円規模の予算を確保、企業版ふるさと納税などを推進。

第2期での軌道修正

２０２０年から始まる第２期では、第１期の枠組みを維持しつつ、「地方への新しい人の流れをつくる」取り組みとして、**「関係人口」**の創出・拡大を提唱しています。また、東京一極集中の大きな要因である「東京圏への若年女性の転出」への対応として、地方の若年女性にとって魅力ある雇用の場の創出を重視しています。さらに地方と東京との連携や、既存の行政区域単位にとらわれず、複数の市町村からなる「圏域」での施策展開が強調されています。

地方創生の実績・成果

地方創生のために、国はさまざまな施策を進めています。主なものを見てみましょう。

(1) 地域おこし協力隊

地域おこし協力隊とは、「お試し移住」的な制度です。他地域の人材が当該自治体から任命され、地域ブランドやPR、農林水産業従事などの地域協力活動を行い、報酬を得ます。任期は1年以上3年以内で、1164団体、7200人（2023年度）が活動しています。政府は2026年度までに、これを1万人に増やす目標を掲げています。地域おこし協力隊は任期終了後も、その約70%が、同じ地域に定住しています。

(2) 政府機関の地方移転

文化庁の全面的な京都移転、消費者庁の一部機関の徳島移転が代表的ですが、現在、中央省庁の7機関、研究機関・研修機関の23機関で地方移転が決定しています。

(3) 東京23区の大学の定員抑制

地方大学の経営悪化を防ぐ目的で、政府は2028年までの時限措置として、東京23区内の大学の定員増を認めない方針を閣議決定しています。

(4) 地域経済分析システムの稼働

地域経済に関わる各種のデータを可視化するため、RESAS（地域経済分析システム）が開発され、出前講座、政策立案ワークショップなど、多様な取り組みが行われています。

(5) 交付金の活用

2024年度のデジタル田園都市国家構想総合戦略関係予算は8兆円を超えており、そのうちデジタル田園都市国家構想交付金は1735億円となっています。

しかしながら予算消化率はあまり高くないようで、交付金を、うまく活用している自治体と、あまり活用できていない自治体との地域間格差が、顕著になってきています。

東京一極集中の継続

国がさまざまな施策を進めても、なお、東京圏（東京都、神奈川県、埼玉県、千葉県）の転入超過数は、2014年以降は11万～15万人で推移し、コロナ禍で一時減少しましたが、2023年には12・7万人と以前の水準に戻りつつあります。転入抑制は難しく、一極集中が依然として続いています。その一方で日本全体の人口減少は止まりません。

日本の総人口は、2008年の1億2808万人をピークに、2023年は1億2435万人となっています。これが、2056年には1億人を割り、2070年には8700万人まで減少すると予想されています（2023年　国立社会保障・人口問題研究所）。

生産年齢人口（15～64歳）も、2014年の地方創生政策施行時に7785万人だったのが、2023年には7395万人（390万人の減少）となっています。出生数はさらに厳しく、

２０１４年の約１００万人から、２０２３年は約72万人へと28%も減少しています。

今後の見通し

国が進めた施策の実績は、ある程度あるものの、人口減少・少子高齢化及び東京圏への一極集中には、歯止めがかからない状況と言うことができます。地方創生がスタートして約10年、政府のさまざまな支援策が整備されたにもかかわらず、状況はさらに悪化しているのです。

２０２３年からは、デジタル技術の活用によって「全国どこでもだれでもが便利で快適に暮らせる社会」を目指す**「デジタル田園都市国家構想」**の取り組みが始まっています。

これは新たにデジタルの力を活用して地方創生を加速化・深化させていく取り組みであり、２０２４年度は多額な予算が組まれています。ただ、今までの10年間の進捗を考えると、地方創生への効果が期待どおりに現れるかどうかは未知数です。

予算も人員も手一杯

高齢化・過疎化が進む地方自治体では、予算はもちろん、職員、経験、情報のいずれもが不足しており、地方創生に向けた施策を立案し実施に移すことは、極めて困難な状況にあります。

右肩上がりの成長社会では、毎年の予算も職員も増え、公共施設建設やインフラ整備など、住民から評価を得られやすい施策が中心に行われますが、人口減少を前提とした成熟社会では、これと真逆になります。公共サービス業務は増加の一方、予算の減少に伴い職員の数は減らされ、現在抱えている案件だけで手一杯というのが実情です。

住民理解が難しい

人口減少社会における地方創生案件は、住民の理解と協力を得るまでが、ひと苦労です。教育の充実や、病院や図書館等の公共施設をつくるのであれば、住民の賛同を得やすいのですが、移住促進や関係人口を増やそうとなると、みんなが賛同してはくれません。いざとなると「住んでいる我々のための施設やサービスにお金をかけるべきだ」と、なってしまいます。さらに「移住者とのトラブルの責任は、だれが取るんだ？」といった批判も出てきます。

地方創生案件は、手間がかかる一方、成果が出るまでに時間がかかり、実績が見えづらく「苦労が多いわりに報われない仕事」といえます。

属人的な成功と同調圧力

とはいうものの、地方創生の成功事例もかなり増えてはきました。

成功事例としてよく挙げられるのが、北海道東川町の**「写真の街」**、長野県阿智村の**「日本一の星空の村」**、岡山県西粟倉村の**「百年の森づくり」**、島根県海士《あま》町の**「島留学」**、徳島県神山町の**「高速ブロードバンド環境」**、などです。

いずれの事例にも共通しているのが、「やる気のある個人」を起点にしている点です。地方創生ではいかにやる気のある個人を持続的にサポートできるか、にかかっています。また、やる気のある個人は、地元の生え抜きではなく、むしろ外部からの転入者、あるいは外部を経験したUターン人材の場合が多いようです。

地方創生の担い手には、**よそ者、若者、馬鹿者**が必要としばしば言われます。外部からの視点で見ることによって、「まちのあたりまえ素材」を「魅力素材」として発見することができるという要因があるのですが、それに加えて「(よそから来た) あの人がやるのは仕方ない。あの人は特別だから、まあよいか」となることも関係しているでしょう。

地域支援の距離感

では、よそ者が手がける地方創生には、どのような注意点が必要なのでしょうか？　私たちの経験則は、以下のようなものです。

(1) よそ者の立場をわきまえる

まちあすの活動拠点のひとつである北海道松前町では、東急不動産と連携して地域活動や活性化提案を行っています。松前町には東急不動産の事業所と東急不動産が展開する地域共生取り組みの活動拠点、**『TENOHA（テノハ）松前』**（P150・第3編 第1章参照）があります。

TENOHA 松前のコワーキングスペース

東急不動産社員は、松前町で生活し、地域の活動に参加し、地域の方々に受け入れていただくなかで、風力発電事業を進めています。そうした東急不動産社員とともに活動することで、地域と深いつながりを築きつつ、地域の課題やニーズを把握していきます。このようにまちあすは、地域に寄り添った活動を信念としていますが、残念ながら「地域の当事者」ではありません。まちあすの基本的な立ち位置は、**「地方と都市とをつなぐ橋渡し役」**であると考えています。

⑵ 伴走支援

地方自治体は、予算、人員共に手一杯です。そのうえ人口減少と高齢化が進む地域では、やる気がある個人は出現しにくく、それを自治体が継続的にサポートしていくことも難しいようです。

私たちまちあすは、単なる提案やアドバイスだけでなく、その実践のためにネットワークを活かして都市と連携し、「ヒト・カネ・情報」の注入を促したいと思っています。「よそ者」

である立場を活用して、地方創生活動の伴走支援を行っていきたいと考えています。

横展開できる「しくみ化」

地域により、背景も状況も未来観も異なる地方創生では、事業モデル化やマニュアル化、ノウハウの蓄積は難しく、横展開していくためには、さまざまな試行錯誤と工夫が必要となります。まちあすでは、**横展開を可能とする実践的な成功事例**をつくり、事業モデル化し、他のエリアでも活用可能な、**「しくみ化（プラットフォーム化）」**にチャレンジしてまいります。

「地方と都市との二極連携」という、まちあすならではの立ち位置と体制とを活かした、いわば「まちあす式地方創生」を模索していきたいと考えています。

第3章
私たちの立ち位置

曖昧な「まちづくり」の概念

私たちは、まちあすの活動を始めるときに、地方創生に関わる多くの方々のお話をうかがい、それぞれの視点とノウハウを参考にさせていただきました。その結果、まちあすの**限られたリソースでできることは「なにか」**を見極めることが極めて重要だと感じました。

それは、まさに「まちづくり」に似ているのです。

「まちづくり」ということばが生まれたのは1970年頃で、「コミュニティ」ということばの誕生と同時期でした。日本屈指の地域政策プランナーの田村明氏によると、「まちづくりとは、一定の地域に住む人々が、自分たちの生活を支え、便利に、より人間らしくしていくための、共同の場をいかに作るかということである」(『まちづくりの発想』岩波書店)と、定義されています。

さまざまな有識者が複数の視点で「まちづくり」を表現していますが、まとめると**「身近な居住環境を改善し、地域の魅力や活力を高める」**こととといえます。このような曖昧模糊とした概念ですから、プロジェクトとして推進するときには、迷走してしまうことも多いようです。

ゴールを見極める

土地活用の観点、防災の観点、子育て・教育の観点、観光や産業振興の観点など、それぞれの観点によって「まちづくり」で目指すべきゴールが異なり、方向性が共有できません。十人十色のコンセプトでは、狙うべきゴールも不明確になってしまうのです。

社会が成熟するにつれて、「まちづくり」は一層難解になっていきます。「まちづくり」をプロジェクトとして推進していく際には、**ゴールの設定・共有**と、それに伴う**施策の特定**が重要となります。

「地方創生」にしても、またしかりです。

地方には、**自分たちの課題解決こそが地方創生**だと考えている人が多く、言ってみれば地方ごとに地方創生の概念は異なるのです。したがって地方創生においても「まちづくり」と同様、まちあすとしてゴールを見極めておくこと、つまり、**できること、できないことを見極めること**が重要になります。

たとえば「観光をトリガーにした関係人口づくりまでを、我々がお手伝いし、その先は受け入れ側の地元が、がんばっていただく」など、それぞれの役割を明確にしていくことです。

我々の役割は、「地域と外部とのパイプ役」です。

すなわち、現地のニーズに合わせて、「外部のヒトとカネと情報」とを結びつける役割です。

「マーケットイン」思考

居住・関係人口を増やすための取り組みは、本来、「わが地域には、このような魅力がある」と発信することでした。発信は重要ですし、だれもが認めるような魅力がある地域ならよいでしょう。しかし衰退に悩む地域においては、他地域と比べた優遇策といっても限度があります。移住や、国内留学の成功事例には、都心部の子育て世代や元気なシニア、また地方創生に関心のある企業ニーズを、結果的にうまく、すくい取っている取り組みが数多く見られます。「あなた方のニーズに対応した受け皿が用意できます」という視点で、その地域を見つめなおせば、無理な財政支出とは別の地方創生を見つけることができるかもしれません。

「プロダクトアウト」から**「マーケットイン」**へと発想を転換させることが重要です。

まちづくりの現場から「街の情報発信が不足している」という問題提起を、よく耳にしますが、企業の年間の宣伝広告費は、トヨタで約４７００億円、サントリー約３９００億円、ソニー約３６００億円（２０２０年度）です。そのような膨大な資金を投じた情報洪水のなかで、個人のこだわりや手法を羅列して、細々と発信するだけでは、効果が現れないのは当然です。

いかにして外部の人々に**「自分ごと」だと判断してもらえる情報**を発信するかが重要です。いくら「このまちは住みやすいですよ。自然豊かな所へ来ませんか？」と地方が一方的に言っても、都市生活者に「自分ごと」として捉えてもらえなければ、スルーされてしまうだけです。

定住主義からの転換

東京への一極集中の是正のために掲げられた地方創生ですが、その効果は見られず、2023年に東京都は6・8万人の転入超過となり、コロナ前の水準に戻りつつあります。その内訳を見ると、10代後半や20代の若者が多くを占め、しかも女性の転入超過数が男性を上回っています。名古屋や大阪、札幌、福岡などの大都市からの転入も目立ってきています。

これまでの地方創生は、地方に定住できる環境を整えるため、仕事をつくり、子育て支援を図って、移住を促進してきました。

しかし、この**定住主義**には、もはや限界があるのではないでしょうか？　その根本要因は**「年収格差」**にあるといえます。

東京の平均年収は455万円で、約400万円の大阪、愛知を大きく引き離しています。さらに地方では年収差が100万円近く広がる地域もあります（doda 平均年収ランキング2023年）。また、東京では「大きく稼ぐこと」も可能です。申告所得が1億円以上の高額納税者数は全国で2万9249人（2022年）ですが、東京都在住者が全体の40%、東京圏では58%を占めています。

住居費など生活費は高いのですが、東京には**「経済活動の場」としての夢**があるのです。都会にあこがれる若年層の地方定住を主眼にすることは、無理があるといえるでしょう。

「関係人口」で考える

前述のとおり、若年層の定住人口を増やすことを主眼にすることは賢明とはいえません。施策の軸足は定住人口から**「関係人口」**におくべきだと考えます。総務省が示す若者中心の関係人口だけでなく、対象を幅広く想定することが重要です。

関係人口とは、移住した「定住人口」でもなく、観光に来た「交流人口」でもない、「地域や地域の人々と多様に関わる人たち（人口）」を指します。

これは2016年に雑誌『ソトコト』編集長の指出一正氏が著わした『ぼくらは地方で幸せを見つける』（ポプラ社）、2017年の田中輝美氏の著書『関係人口をつくる』（木楽舎）などで提唱された、まったく新しい概念です。

2017年には総務省の「これからの移住・交流施策のあり方に関する検討会」（座長 小田切徳美 明治大学農学部教授）でも取り上げられました。「人口減少・高齢化により、地域づくりの担い手不足という課題に直面している地方圏で、若者を中心に変化を生み出す人材が地域に入り始めており、関係人口と呼ばれる地域外の人材が地域づくりの担い手となることが期待される」と報告され、地方創生を実現するコンセプトとして脚光を浴びるようになりました。

2014年の地方創生法施行以降、各自治体では定住人口の増加、維持が困難である一方で、交流人口が拡大しても地域の維持は難しいことが認識されるようになりました。このような状況を打開するために提案されたコンセプトが「関係人口」です。

総務省では2018年度に**「関係人口創出事業」**を、2019年度及び2020年度に**「関係人口創出・拡大事業」**を実施し、国民が関係人口として地域と継続的なつながりを持つ機会・きっかけを提供する地方公共団体を支援してきました。また国土交通省は、「2020年に三大都市圏の18歳以上居住人口（約4678万人）のうち2割以上（約980万人）が他の地域の関係人口になっている」との推計を公表しています。まさに成熟ニッポンにおける地方創生の切り札として、国を挙げて**〝観光以上 定住未満〟**の「関係人口」の創出を後押ししている状況といえます。

東京と連携する

東京との収入格差を踏まえると、段階を踏んだ移行が必要と思われます。

まずは、都市での生活や人生のなかに地方での活動を組み入れ、東京の生活と連携・補完する**サブシステム**を整備することで、都市と地方をつなぐことをスタートさせてはどうでしょう。テレワークなどを活用し、都市にいながら特色ある地方の事業者を手伝う、本業にもプラスになる「副業」スタンスや、将来のために未知の体験を通し実践力や人間力を高めようという「投資（＝教育）」スタンスも有効だと考えます。

地方創生の活路は、東京と連携したサブシステムから生まれる関係人口の創出にあります。さらに地方創生活動の継続には、本人の「地方への想い」だけでなく、会社、学校、自治体、親族など本人の属する社会からも背中を押されるしくみ化が、重要だと考えます。

ライトな関係人口

移住における心配ごとのトップが、「仕事があるのか」になっています。

コロナ禍を経てテレワークが浸透し、転職せずに移住できるケースも増えてきていますが、まだまだ少数にとどまっている状況です。移住先で収入が確保できるのか？ あるいは地域に溶け込めるのか？ など、心配事が多くて、本格移住にはなかなか踏み切れません。

まちあすでは、移住に向けた段階的なアプローチとして、**移住体験**や**一時留学**などのプログラムを提案していきたいと考えています。

(1)ライトな一次産業

近年の農業従事者は、農作物をつくるだけでなく、それを加工し販売する**6次産業化**を図る事例が増えてきました。たとえば農家レストランや観光農場的なアプローチです。水耕栽培や分業式など、幅広い人たちが関われるようにした農業事業者も現れています。水産業においても「サカナの学校」のように、漁業だけなく、マリンレジャーを含む幅広い分野を学べる学校も生まれています。

このように「一次産業＝難しくて、キツイ」イメージを払拭する**ライトな一次産業**の事例があると、関係人口を増やしやすいのではないでしょうか。

農地併設型のソーラーシステム

(2)サブ生計

生活費のすべてを移住先の仕事で賄おうとすると、選択の幅が狭まってしまいます。

たとえば、シニア世代のように**年金収入での補填**があれば、自分たちで作物をつくることで生活費を抑え、移住することも可能になります。また**「半農・半テレワーク」**という生活も夢ではなくなりつつあります。

ソーラーシェアリングという、農地併設型のソーラーシステムも普及し始めています。

いずれも、地方での一次産業で収入の一部を補う**サブ生計**のしくみといえます。

(3)移住体験

移住して生涯を田舎で過ごすというのが高いハードルになるようなら、Ｐ１３７で解説する**「ワープステイ」**のような、都市部の自宅を定期借家方式で賃貸し、一時的に自然豊かな地方に移住して、最終的には都市部の自宅に戻って晩年を過ごす、というようなライフスタイルも可能です。

また**企業研修の一環としての移住体験や地方留学**も有効です。期間限定であれば、移住側、受け入れ側ともにハードルが下がるのではないでしょうか？　移住の魅力が実感できれば、そのとき「本格移住」に駒を進めればいいのだと考えます。

重要なことは、「若者定住」一辺倒の支援制度の幅を、いかに拡張できるかということではないでしょうか？

column

まちあすことば小辞典❸

地方創生人材支援制度

【ちほうそうせい じんざいしえんせいど】

地域の活性化が急務の小規模な自治体で、必ずといっていいほどネックになるのが「人手不足」です。私たちも、具体的に地域での支援策を検討するなかで、人手不足が地方創生の大きなネックとなっている状況を、いやというほど見てきました。

民間企業なら、自社リソースの制約条件（資金調達力や保有する人材など）を勘案して、注力すべき事業分野を取捨選択するのが当然でしょう。しかし、地方自治体には、法律で義務づけられた「やめることができない業務」が、やたら多いのです。

新生児の出生数が減ったからといって、子育て関連業務を廃止することなどできるはずもなく、逆に子育て支援強化が求められます。防災や事故の再発防止策などが積み重なっているところへ感染症対策、個人情報保護や情報セキュリティ対策、マイナンバーカード交付などなど。

高度成長期と異なり、税収増が見込まれないから、職員数は抑制せざるを得ません。そのため、人口が数千人、職員総数（教育・消防を除いた一般行政部門）が100名程度の役場では、多くの義務的業務をこなすため、職員ひとりひとりが、あれこれ兼務（＝マルチタスク化）しています。ここに「働き方改革」が加われば、（ＤＸで事務合理化の余地はあるとしても）「新しい施策をやりたくてもやれないよ！」という嘆きも、おわかりいただけるでしょう。

政府もこの問題を認識しており、内閣府は２０１５年度より「市町村長の補佐役」となり得る専門人材の派遣を支援しています。それが「地方創生人材支援制度」です。２０２０年度からは、ＤＸ人材、２０２２年度からグリーン人材、と専門家の分野も、この人材支援制度には次々と追加拡大されています。

総務省の「地域おこし協力隊」（２００９年度創設）のほうが、自治体にとってはなじみ深いかもしれません。都市から過疎地への移住を狙った制度ですので、役場の人材不足に関する直接の対策ではありませんが、地域に入って活躍してくれる人材は、地域活性化においても重要な存在です。近年、協力隊の専門人材版ともいうべき「地域プロジェクトマネージャー」制度が追加されましたし、企業からの人材派遣を支援する「地域活性化起業人制度」には「副業型」が追加されました。

定員管理のもとで新規施策を打ち出すには、こういった人材支援制度を活用することは自治体にとって有効ですが、うまく活用するためには、派遣人材と自治体・地元住民との思惑にズレがないようにしたり、受け入れ住宅の準備をしたりといったノウハウが必要となります。

第２編

第4章 まちあすの方針

脱・フロントランナー思考

前章で「まちづくり」と「地方創生」の共通点についてお話しました。

まちづくりは全国でさまざまな視点で実践され、成功事例が報告されています。そうなると他の地域も、その成功事例を学習・研究し、成功した地域を視察し、自分のまちにも転用しようと試みますが、うまくいかないケースが多いようです。

なぜか？ それは、成功事例というものには「フロントランナー」的な特殊な事例が多いからではないでしょうか？ 通常、地方のまちには、スーパーマンのような自治体職員も、社会貢献に熱心な住民もいないのです。過疎地域で展開される地方創生は、さらに難易度が高くなります。

今、多くの地域には、フロントランナーの成功事例でなく、スーパーマンが存在しないことを前提にした、ハードルの低い施策が求められているのです。

曖昧な6割を巻き込む工夫

現・渋谷区長の長谷部 健さんは、若い頃ゴミ拾いのボランティア活動を始めました。表参道の両側の歩道を週に一度ゴミ拾いして回る活動で、2003年に「NPO法人グリーンバード」を設立し、この活動は今では、海外も含め多くの都市や地域に広がっています。この活動にあたって、長谷部さんが気をつけたことが、3つあると聞きました。

(1)目標には「ゴミ拾い」という終わりの見えない行為ではなく、路上のゴミの大部分を占めるタバコの吸い殻の「ポイ捨て防止」というゴールを設定したこと。**【ゴール・シフト】**

(2)週に一度の設定はあるけれど、雨が降れば休む。あえて拾ったゴミの量ではなく、表参道の歩道を歩きながら遭遇したエピソードについての情報発信をする。**【ゆるい運営】**

(3)以上のような活動スタンスを踏まえて参加者を募るときには、「ゴミ拾いに参加しませんか？」と言わず、「週に一度〝朝会〟をしよう」とアピールする。**【構えないキャッチフレーズ】**

意識の高い2割と、絶対に関わらない2割を除いた **〝曖昧な6割を巻き込む〟** のが重要だということです。曖昧な6割は、「いいことなのはわかっているし、おもしろければやってもよい」というスタンスの人たちで、この人たちを巻き込むには間口を広くして、気軽にアクセスできることが重要です。

「地方創生」においても、一部の人が、がんばる「フロントランナー思考」や、こうすべきといった「締めつけ思考」では、継続性と展開性に欠けます。

幅広い人たちに関わってもらうためには、「地方」という「距離」そのものが、すでにひとつのハードルになっているのですから。

ワン・アクションのしくみ

地方創生に「曖昧な6割の人たち」が気軽に関わるために、**ワン・アクション**でアクセスできるしくみづくりが重要となります。

地方では「活性化させたい」、都市では「支援したい」と、お互いに想いがあっても、「What（なにをすればいいのか?）」と「How（どのようにすればいいのか?）」が、実現への高いハードルとなります。やってみたい、と、やるとの間には、さまざまな調整や協議が必要ですが、課題を明確にし、解決策を探り、丁寧に調整したうえで、このように「やってみませんか?」と投げかけていくことが、実施へのポイントとなります。

私たちは、前述の北海道松前町のような地方と都市の2拠点体制を活かして、両者の「What」と「How」を克服するしくみをつくることで、「地方」と「都市」との橋渡しをしたいと考えます。東急不動産のブランド力や信用力による下支えにより、受け入れ先である地方側と、申し入れ元となる都市側の、円滑な決裁をサポートできるのではないかと考えます。

2段階での地方創生

地方創生の推進主体である地方自治体が、予算も人員も減らされ、現状の仕事だけで手一杯であることは、前述しました。さらに人口減少社会下では、すぐに成功が見通せない「地方創生プロジェクト」に対して、住民の理解と協力が得られ難いことも事実です。そんな状況のなかに「よそ者」であるまちあすが関わっていくのですから、まず最初に**「小さな成功による信頼構築」**が大事です。まずは自治体にも住民にも、極力負担をかけず、最小限の協力だけで得られる「小さな成功実績」の積み重ねが必要なのです。第1ステップでの「成功実績」をもとに、自治体や住民に「希望」と「期待」とを持ってもらい、本格的な地方創生活動となる第2ステップに駒を進める。時間は要しますが、地方創生活動ではこんなツーステップが重要なのです。

第1ステップとして、まずは、極力、自治体や住民に負担をかけずに遂行しなくてはなりません。さらに一過性のイベントでの集客ではなく、収益性と継続性のあるものが求められます。そのためには、まず活動のベースとなる**「収入の裏づけ」**が鍵となります。

企業が特定の自治体に寄付することによって税額控除を受けられる、「企業版ふるさと納税」制度の活用が、手段のひとつとして考えられます。手続きが簡単で、自治体の負担も軽く、住民の信頼が構築できる**「わかりやすい実績」**になるのではないでしょうか。

地方創生プロジェクトの推進に、「企業版ふるさと納税」は非常に有効な方策にもかかわらず、まだ十分浸透しているわけではありません。まちあすでは、企業版ふるさと納税を活用し、地方創生を支援する第1ステップとして仕組み化していくことを提案したいと考えています。

本格活動

第1ステップでの実績により、自治体や住民からの信頼と期待を得たうえで、第2ステップとして、本格的な地方創生活動を始動させていきます。

地方を活性化するには**「地方に関わる人を増やす」**必要があります。

具体的には、従来の「若者定住人口」ではなく、「関係人口」の増加を目指します。地方創生に関心を持つ人たちだけでなく、都会の元気なシニアや、都市部での教育・子育てに疑問を抱えるファミリー、さらには社員の意識改革と意欲向上方策に考えを巡らせている企業など、都市側のニーズに対応した「ライトな関係人口」を増やしていくことが大切です。

たとえば**「国内版ワーキング・ホリデー」**（P133・第2編 第6章参照）の体験プログラムです。「ワーキング・ホリデー」は、海外で働きながら海外旅行できる制度ですが、「国内版ワーキング・ホリデー」は、「ライトな関係人口」を促す新しい方策として、活用できそうです。すでに総務省では、**「ふるさとワーキング・ホリデー」**と銘打って、助成事業などを推進していますが、私たちは、さらにもう一歩利用しやすくした「体験プログラム」を提案したいと思います。

「国内版ワーキング・ホリデーの体験プログラム」が、地方への移住をも検討する都市の人たちと、都会からの移住者を受け入れる地方の人たち双方の「心の重し」を軽くしてくれます。

第5章

企業版ふるさと納税

「企業版ふるさと納税」の活用

地方創生における喫緊の課題は、なんと言っても「カネとヒト」の不足です。。

私たちはまず第1ステップでの推進方策として、**自治体や住民の負担が軽い「企業版ふるさと納税」**の活用を提案します。まだ成功事例は多くはありませんが、「地方創生プロジェクト」を磨き上げ、「都市」の企業ニーズに結びつけ、丁寧にマッチングすることで、実効性のあるものにできると考えています。

企業版ふるさと納税は、地方創生を、より深化させるため、2016年に創設されました。国が認定した地方公共団体の地方創生プロジェクトに対して、企業が寄付を行った場合に、法人関係税から税額控除されるというしくみです。通常の寄付行為に対する損金参入が約3割なのに対して、企業版ふるさと納税では9割の税額控除が認められ、実質的な企業負担は1割に抑えられます。たとえば1000万円を企業版ふるさと納税として寄付した場合、企業側の実質的な負担は100万円となります。

寄付金だけでなく人件費を控除できる「人材派遣型」の企業版ふるさと納税制度もあります。

個人版ふるさと納税との大きな違いは、「返礼品」に代表される「対価の有無」になります。

個人版ふるさと納税が、納税額の3割を上限にして返礼品が認められているのに対して、企業版ふるさと納税では一切の対価を禁止しています。企業は、節税効果とPR効果だけを果実として受け取ることになります。

企業版ふるさと納税の現状

内閣府の公表資料によると、企業版ふるさと納税の2022年度の寄付件数は8390件、寄付金の総額は約341億円に達しています。個人版のふるさと納税による寄付額9654億円と比較し、まだ3・5%でしかありませんが、寄付額は2020年度の税制改正以降、毎年約100億円ずつ伸びています。

寄付金の平均額は約400万円。全国で最も寄付額が大きかったのは静岡県裾野市で、15億5000万円に上りました。同市内に建設中の「ウーブン・シティ」に関連して、トヨタ自動車やミサワホームなどが、こぞって寄付をしたため、この数字になりました。また大臣表彰を受けた北海道大樹《たいき》町の場合は、約14億円の寄付を受けています。同町が進めるロケット打ち上げ拠点の整備に、約70社が賛同して寄付しています。

返礼品などの対価の見返りはなく、もっぱらPR効果だけが重視される施策ですが、企業にとっては制度のわかりやすさとインパクトとが、最大のアピールポイントになるようです。

企業版ふるさと納税のメリット

それでは、この企業版ふるさと納税には、どんなメリットがあるのでしょうか？

地方自治体にとっての企業版ふるさと納税のメリットは、なんといっても**「税収の増加」**です。国の助成金のように申請のための煩雑な手続きも必要ありません。簡単な申請書のやり取りだけで、税収が得られることが最大のメリットです。

一方、企業にとっても企業版ふるさと納税は大きな魅力を持っています。

近年の企業経営では、ＥＳＧ経営やサスティナブル経営が注目を集めており、「財務指標」に加え、**「非財務指標」**も重視されるようになりました。企業の「環境、社会、ガバナンス（ＥＳＧ）」への取り組みが、投資家や顧客からの評価を受ける重要な要素となり、これによって企業価値を決定する時代となっています。

この非財務指標は、企業の社会的責任、環境取り組み、従業員満足度や顧客満足度などが含まれ、企業の持続可能性や社会的価値を評価するための重要な指標となっています。

地方創生プロジェクトに企業版ふるさと納税を活用して参加することは、すなわち**ＥＳＧ経営**や**サスティナブル経営の実行**につながります。特に社会・環境関連での取り組みでは、企業独自での取り組みに加え、企業版ふるさと納税を活用することで、低コストで効率的な貢献活動の実績を残し、非財務指標の充実を図って、企業価値を高めることが可能となるのです。

自治体にとってこの制度の活用のためには、プロジェクトの企画を練り、それに関心を示す企業とのマッチングを図るという〝一本釣り方式〟になるため、工夫とネットワークとが重要になります。企業版ふるさと納税の募集サイトには、自治体側の「地方創生プロジェクト」が総花的に並んでいますが、企業にとっては焦点が絞りにくく、ＰＲ効果を判断しにくいのが状況です。

自治体の困りごとを企業版ふるさと納税で解決するというスタンスではなく、企業というマーケットのニーズに、いかにマッチングさせて行くのかという視点への転換が必要です。

突出戦略の必要性

「ランチェスター戦略」

「ランチェスター戦略」というマーケティング理論があります。

英国のエンジニアであったフレデリック・Ｗ・ランチェスターが、用兵戦略として提唱したもので、限られた兵力を有効に活かすには、**一点突破・全面展開**が必要だと言うものです。「集中することこそが、勝つための条件」と言えるもので、「競争の法則」とも呼ばれ、日本では経営論として有名です。

星野リゾートの星野佳路代表も「コンセプトを特化させる重要性」を、こう説いています。「自治体の担当者は〝美味しい魚がある〟、〝温泉がある〟、〝星がきれい〟など、いろいろと自分たちの街の魅力を語るけれど、全国どこにでもあるようなものは、魅力にはなりません。記憶に残るたったひとつの魅力に絞り込むことがコンセプトです」と。この考え方を端的に表した事例が、北海道のトマムリゾートです。他では体験できない展望スポット**「雲海テラス」**を中心に集客・再生を成し遂げています。

自分のまちだけを見て「あれも、これも」ではなく、相対的な視点で、わがまちならではの「強み」を定める必要があるということです。

満開のさくらと松前城（北海道松前町）

東急不動産が風力発電事業の拠点として開発を進める松前町は、北海道で唯一の城下町であり、桜の名所としても有名です。コロナ禍前には観光客が年間40万から50万人訪れており、その約3分の1は桜のシーズンの来訪となっています。

地元では桜以外のシーズンでの集客が課題になっていますが、まちあすでは、まちの一番の強みである桜に磨きをかけ**〝日本一の桜の名所〟**として桜をマグネットに集客・再生し、まずは「松前町」の知名度を上げていくことからスタートしようと考えました。

開花時期の異なる多品種の桜があるからこそ「日本一ゆったり（長期間）楽しめる桜文化づくり」を提案し、地域の方々とともに、「桜の名所プロジェクト」を開始しています。

ただ、高齢化と過疎化により桜の維持・保全が近い将来困難になるといった危機的状況が迫っており、長期的に植樹、維持・保全と、桜文化の醸成が継続できるシステムが必要です。町内では風力発電所の開発が長期にわたって予定されており、その開発関連企業と連携して企業版ふるさと納税をベースにした〝桜基金〟を整備する必要があると考えています。

同時に、桜見物だけで町を素通りしている観光集客の現状を変え、名産品やグルメの育成により、観光客が町を回遊し、集客の対価が町を循環するしくみを構築する必要があります。

「突出力」の磨き方

まちの魅力資源に磨きをかける際に有効なのが、**100分の1の3乗戦略**です。

この戦略は、教育研究家の藤原和博氏やクリエイティブディレクターの佐藤尚之氏が提唱しているセルフブランディング論です。100万分の1を目指して同じ領域で何十年もがんばるのではなく、100分の1を複数（たとえば3領域）持つことを目指すほうが、魅力的で、実現性が高い、という考え方です。100万分の1を目指すには日本でもトップクラスの実力が必要ですが、100分の1と考えれば学年やクラスでトップ程度のレベルとなります。

〝かけ算になる個性〟を見つけ、磨きをかけていくわけです。

たとえば、新鮮な魚介類が水揚げされる港町では「刺身で食べるのが一番」とされていることが多いです。確かにおいしいのですが、これでは他の港町との差別化にはなりません。積極的に港町という地の利を、ライブ感とともに活かす提供方法の工夫が必要です。

個々の資源に潜在力があっても、「そのまま」では、**「希少性の発揮」**になりません。その場所で歴史や文化を味わい、景色や街並みを楽しめる**「複合的な体験性」**が必要です。

まず、カフェ・レストランを開設することで、「場所×食事」を体験化する。さらにグランピングなどの宿泊施設化すれば、「場所×食事×宿泊」となり、一層体験価値を高められます。その他にも「場所×学び」の教室や「場所×読書」のライブラリーなど、できる限り複合的に体験価値を提供することが重要となります。また、場所を価値化する際のブランディングとして、「個性の演出（独自感）」がポイントとなります。「こんな空間初めてだ」という演出によるギ**ャップ&インパクト**が、効果的です。

より幅広い巻き込み

企業版ふるさと納税は、「一件あたりの金額」も大きく、「継続性」も期待できるのですが、プロジェクトの企画性と**マッチングできるネットワーク**が必要となります。

しかし、それだからこそ、東急不動産とつながりの深い、私たちまちあすならではの、企業版ふるさと納税のプラットフォームを形成できるのではないかと考えています。そのためには、幅広く寄付企業を集める工夫が必要となります。

(1)事業会社が関わりのある地方への寄付

松前町では、2023年5月に「松前沖」海域が再エネ海域利用法に基づく「有望な区域」に選定されており、陸上風力に加え、洋上風力発電所の開発が、今後10年、20年単位の長期で行われるものと予想されます。松前町で進めている「桜の名所プロジェクト」に対しての寄付対象者は、そうした風力発電所プロジェクト関係企業が期待できます。

(2)環境テーマでの寄付

「桜の名所プロジェクト」を単なる観光施策とせず、東急不動産が「WE ARE GREEN」をコンセプトに注力する環境取り組みの一環として、生物多様性の保全といった価値を加えてみたり、『TENOHA(テノハ)』との連携による地域共生や環境教育プログラムなどを付加することで、環境や教育に関心のある企業との連携も考えられるようになります。

(3)地方ネットワークでの寄付

さらには東急不動産が全国に展開しているReENE風力発電所の所在地をネットワーク化して**「まちあす・リエネリーグ**(仮称)**」**として、全国的な地方創生プロジェクトに仕立てていくことで、さらなる参加企業の拡大が期待できます。

将来的には、**「全国まちあす・リエネサミット**(仮称)**」**のようなイベントを開催し、関連地域と寄付企業とが、情報交換や、お互いのノウハウ・人材の交流ができるネットワークが構築できるとすばらしいと思っています。

第6章
国内版ワーキング・ホリデー

移住イメージの重さ

「地方移住」ということばも市民権を得てきました。

内閣府が2020年に実施したアンケートによれば、東京圏（東京、神奈川、千葉、埼玉）に住む、20代から50代の人たちの49・8％が、「地方暮らしに関心がある」と答えています。ふたりにひとりが、地方暮らしに関心を持っているということになります。

それでも、いざ移住するとなると、収入はもちろん、子供の教育や老後の医療・介護サービスなど、心配ごとは尽きません。これは、受け入れる側も同じで、どんな人が来るのか、どのように近所づきあいしていけばよいのかなど、不安が絶えないのです。

自治体が移住を主導するとなると、さらに、一気にハードルが高くなってしまいます。「なにかあったら責任取れるのか？」の決め台詞に対しては、自治体は対抗する術がありません。

国内版ワーキング・ホリデーという視点

まちあすが提案する「ライトな関係人口」は、イコール**「国内版ワーキング・ホリデー」**とも言い換えることができます。

ワーキング・ホリデー制度は、１９８０年に日本とオーストラリアの間で交わされた協定に始まり、今では30の国と地域に広がっています。

通常の海外旅行とは異なり、長期滞在が許されるビザが発行されます。そしてその期間は就学、旅行、就労などと、その国で生活することが許される制度です。現地で語学の勉強をしながら働いたり、働きながら旅行したりと自由に生活することができます。

ワーキング・ホリデー制度を活用した渡航者数は、コロナ禍で一時減少しましたが、２０２３年は約１・８万人と以前の水準に戻りつつあります。

単にお金のために働くのではなく、海外の文化や慣習に慣れるためにも有効な制度です。ワーキング・ホリデー終了後も滞在を延長し、現地で就職する人も多く、海外に活躍の場を得るためのステップとしても活用されています。

このような視点に立つと、シニアが余生を静かに送るための「地方移住」ではなく、若者たちにとっても、自身の人生を再構築したり、次のステップを見つけるために、「国内版ワーキング・ホリデー」を活用するという意義が見出せるのではないでしょうか？

２０１７年から総務省でも、**「ふるさとワーキングホリデー」**として助成制度などを展開していますが、滞在先や働き先のマッチングなどが難しく、十分に活用されていません。

国内ワーホリ体験プログラム

国内版ワーキング・ホリデーを実施するためには、一時的な居住地の確保と、そのまちでの働き口を探す必要があります。移住と同様に、住む家も働き口も自分で探すとなると大変です。家の貸し手も「どんな人が住むのか」、「なにかあった場合は、退去してくれるのか」など、不安が先に立ちます。

こうしたハードルへの対応策として、東急不動産が運営する**「地方創生拠点ＴＥＮＯＨＡ（テノハ）」**の活用ができれば、と、私たちは考えています。

ＴＥＮＯＨＡは、東急不動産が展開する「地域共生取り組み」の活動拠点です。地域交流スペース、コワーキングスペース、カフェスペースなどで構成された、地域に開かれた活動拠点施設となっています。

現在、能代（秋田県）、男鹿（秋田県）、東松山（埼玉県）、代官山（東京都）、蓼科（長野県）、松前（北海道）に設置されています。２０２４年5月に開設された『ＴＥＮＯＨＡ松前』には、宿泊機能も加わりました。

このＴＥＮＯＨＡを、ワーキングスペースとして利用しながら、地域の人々と交流し、地域になじみ、まちとの相性を確認してみてはどうでしょうか？　このような「ワーホリ体験プログラム」があれば、都市から出かける側も、地方で受け入れる側も、心の重しが軽くなるのではないでしょうか。

ＴＥＮＯＨＡに、住まいや働き口などの情報が集まれば、地方創生拠点としてワンストップサービスの提供も可能になります。

既存建物を改修した活動拠点（TENOHA 男鹿）

地域の人々の交流スペース（TENOHA 能代）

第2編

ワープステイの提案

大川陸治氏（元・東急不動産株式会社 常務取締役）が発案した**「ワープステイ」**（＝住民票を移し、一定期間都会から地方という異空間に居住した後、元の住居に戻る）は、定年退職したシニアの新しいライフスタイルとして注目を集めました。

「都心への通勤を重視して現役時代に購入した都市近郊の自宅を、退職後に5年から10年程度の定期借家で若い家族に貸し出し、地方の借家に移り住む」という、**「お試し移住」**です。たとえば最初の5年間は山間部で暮らし、次の5年間は漁村に住んでみるということも可能です。

シニアの場合でも、地方移住での大きなハードルは、地方の風土や住民たちとの相性です。これは、受け入れる側にとっても同様です。これが「お試し移住」であれば、少しハードルが下がるのではないでしょうか？

大川氏は『地方創生はアクティブシニアのワープステイ（里山留学）からはじまる！』（NPO法人ワープステイ推進協議会　住宅新報社）のなかで、次のように述べています。

「体力のある年金受給者（前期高齢者＝約1600万人）が、地方の深刻な過疎化対策に積極的に取り組み、地方に数年間定住して消費需要を復活させることが重要である。そのためにはハードルの高い〝永住〟というより、元気な間の5年間だけでも地方に定住し、農林漁業などのお手伝いをする。つまり、情報と機動力を持った都会の人間が地方に新風を吹き込み、コミュニティにも限定的・部分的に参画していくことが重要である。ワープステイする本人も、おいしい水や空気のもと、規則正しい食事、適度な運動、コミュニティ活動をすることによって、会社人間から地域コミュニティ人間へ脱皮することも可能になり、健康寿命も延びる。」

人生100年時代を生きるための、**「人生のサブシステム」**が有益なのです。

人生100年時代では、定年後の数十年間、いかに充実した人生を過ごすかが重要です。ずっと家に、こもってしまってはもったいない。ずっと旅行をし続けるわけにもいきません。

ワープステイをしたうえで、地方で農業などのなりわいにトライしてはどうでしょうか?家庭菜園の延長のような農園でも良いですし、あるいは数頭の牧畜業もいいかもしれません。「家賃格差」によるゆとりと、退職金や年金などがあれば、あくせく稼ぐ必要もありません。最近では、リモートワークで都会の仕事も手伝う**「半農半IT生活」**も可能になっています。

会社人間として生きてきた定年シニアにとって、都心への通勤を前提にしたマイホームで暮らし続けるよりも、心機一転、ワープステイで「お試し移住」に乗り出すほうが、健康的でゆとりと生きがいのある生活を獲得できるのではないでしょうか?

東京郊外の自宅を定期借家化するしくみと、地方の借家をマッチングできる事業者が現れると、ワープステイは地方創生のプラットフォームになります。

シニアのお試し移住という「人生のサブシステム」のニーズと、地方創生とを両立させる方法として「ワープステイ」は非常に有効だといえます。

企業の選択肢としての体験ステイ

神山町の奇跡をご存じでしょうか？

地方創生のロールモデルとして度々取り上げられているのが、徳島県の神山町です。神山町は、徳島市街から車で１時間余りの山間部にあり、標高１０００ｍ級の山々に囲まれた、清流の流れる、のどかな田舎町です。１９５５年に５つの村が合併し、人口２万人の町としてスタートしましたが、年々人口が減り続け、90年代には１万人を割りこむ状況になっていました。

この地域で、地元出身で米国スタンフォード大学院修了の経歴を持つ大南信也氏（ＮＰＯ法人グリーンバレー理事）が地域再生活動を開始した結果、２００５年には、いち早く町内全域に光ファイバーが敷設されました。

ＩＴ企業**Sansan**のサテライトオフィスの進出を皮切りにして、16社が拠点を置くようになりました。Sansanは、この取り組みが評価され、２０１２年に、**「第12回テレワーク推進賞・優秀賞」**を受賞しています。古民家を改修した企業のサテライトオフィスの他、お試し活用が可能な共同オフィスや、３Ｄプリンターやレーザーカッターを備えたファブラボなどが整備されています。さらにSansanを中心にして**「神山まるごと高専」**という高等専門学校を設立し、若いＩＴ人材の育成にも乗り出すという、理想的な地方創生ストーリーです。

神山町のケースは、外の世界を知り、ネットワークを持つ地元出身のキーマンの前向きな活動が、賛同者を増やし、周囲を巻き込み、見ごとにブランディングできた事例です。

徳島県はさらに、官民連携でテレワーク環境の充実を図り、神山町だけでなく西阿波地域やサーフィンで有名な美波町などが、地域の特徴を活かしてサテライトオフィスの誘致に成功し、徳島県全域では、１００社の企業が進出するまでになっています。

企業のふるさと戦略

地方創生では、国も**民間企業の地方移転**を支援しています。

東京23区から本社機能の一部（研究所・研修所を含む）または全部を移転する場合などに、設備投資減税（オフィス減税）や雇用促進税制などの優遇措置を受けられるというものです。

しかし東京圏の強い求心力を考えると、この程度の支援策では移転の実効性は低いと言わざるを得ません。私たちは、本社という中心拠点ではなく、企業の人材育成や福利厚生などの「サブシステム」として地方移転を検討することが有効だと考えます。

和歌山県では、農山村の景観保全、祭りへの参加や社内販売による地域農産物の買い支えなど、幅広い活動を通じて過疎集落を応援する企業と、希望する過疎集落をマッチングする**「企業のふるさと」制度**が創設されています。すでに「伊藤忠商事&かつらぎ町 天野の里づくりの会」、「イセキ農機&くにぎ広場・農産物直売交流施設組合」、「山崎製パン&麻生津の将来を考える会」などのマッチング例があります。

鳥取県が提唱する**「週一副社長」**も、新しい副業スタイルとして、注目されています。都市部で本業を持ちながら、鳥取県内の地方企業で、週一回だけ副業や兼業を前提に、ビジネス経験を活かして地方活性化に貢献してもらうという試みです。ユニークなネーミングが評判を呼び、5年間で県内企業526社が、延べ831名の人材を採用しています。

このようにメインとしての経済活動の拠点は東京に置きながら、大都会のストレスフルなワークスタイルに対し、働くモチベーションや生産性を高めるサブシステムとして、地方創生を考えることが有効だと、私たちは考えます。企業のふるさと戦略による地方創生です。

「島留学」という発想

「子育てステイ」としての地方創生の事例では、島根県の海士町《あま》の**「島留学」**があります。これはNHKの「新プロジェクトX」でも取り上げられました。離島の海士町では、本土よりも早いペースで人口減少が続いていました。海士町の県立隠岐島前《どうぜん》高校でも生徒が減少の一途をたどり、2008年度の生徒数は全校で89人しかいませんでした。このままでは廃校になってしまう、と危機感を抱き、そこで始まったのが**「隠岐島前教育魅力化プロジェクト」**です。

海士町は、全国の高校生を対象にした「島留学制度」を創りました。「島まるごと学校。島民みんなが先生」のキャッチコピーのもと、島留学生には、ひとりずつ「島親さん」と呼ばれる島民がついて､島の生活になじむサポートをします。夕飯に呼ばれたり､夏祭りに一緒に行ったりするなかで、島留学生たちは地域の人たちとつながっていきます。今では隠岐島前高校の生徒数は160人を超え、かつての2倍近くに増えています。

さらに2020年からは､全国の若者が活用できる**「大人のための島留学」**も始まりました。

(1)3か月の滞在型のインターンシップ制度の**「島体験」**

(2)プロジェクトに就労しながら、1年間お試し移住できる**「大人の島留学」**

(3)複数の仕事を体験しながら新しい島の働き方を探究する**「複業島留学」**

などの多彩なメニューが準備されています。

これらの制度を含め移住施策に取り組んだ結果、海士町のこの数年の人口は、安定して推移しています。

離島留学という発想は全国に広がり、2017年には、全国の留学先を案内する**「地域みらい留学」**という取り組みが生まれ、全国で100校以上が参加しています。

教育のサブシステム

近年、インターナショナルスクールや、軽井沢風越《かざこし》学園の設立により、教育移住が活発になっている軽井沢の事例に見られるように、偏差値志向の受験制度に、不安と疑問を抱く保護者の受け皿となる学校も増えています。

未来を見通すことが難しいこれからの時代には、多様な体験を通して培う未来を自分の手で創っていける人材が求められています。大学入試も主体性や協働性、探究性が問われるものに代わろうとしています。

意識が高く、社会の変化に敏感な保護者にとって「高校3年間を自然豊かな地方で過ごして、これからの社会を力強く生き抜く力を育む」方法として、**教育のサブシステム**が有効と認識されるのではないでしょうか？

人は**成長を実感した時期を過ごした場所**こそ、「ふるさと」として記憶するといわれます。こうして生まれる「新しいふるさと」は、本人にとって、その後の活動拠点のひとつとして、常に心に残る場所になるのだと思います。最も多感で、成長著しい10代を地方で過ごした人々は、その地方の学校の卒業生として、まちの貴重な関係人口になるのです。

第7章 まちあす式地方創生の未来

「まちあす式地方創生」の効用

魅力的な観光資源を持つ一部のまちを除けば、人口が1万人以下で、衰退の一途をたどる「地方」では、自立できる経済基盤を築くことは、簡単なことではありません。

東京と連携したサブシステムをきっかけにして、継続的に関係人口を創出・拡大するしくみができれば、地域活動に参加する「新しい目」が、地域の魅力を再発見して編集・発信してくれるかもしれません。

人は他人の視線を意識することで、身だしなみにも気を遣うようになります。地方も同様で、新しい目に晒されることを通じて、自分たちの潜在能力に改めて気づき、「ブラッシュアップする意識」も芽生えるのではないでしょうか？

東京と連携したサブシステムによる地方創生は、ゴールではなくスタートなのです。

長らく東京で働いてきた人にとって、人生１００年時代を迎えた今、定年後の数十年を東京郊外の住宅地で過ごす、というのは、はたして最良の選択肢なのでしょうか？

ワープステイなどを活用することによって、5年ごとに、農村や漁村などに移り住んで、新しいライフスタイルで暮らす人生も、悪くないのではないでしょうか？

新しい環境と人間関係のなかで、心機一転、無理のない範囲で生業をしながら、暮らし直すのも、また充実した人生になるではないでしょうか？　子供や孫たちも、「新しい帰省先」として、喜んで遊びに来てくれるはずです。


一方で、若者が企業に求める価値は、「収入」だけでなく、どれだけ自分に**成長機会**を提供してくれるかに移りつつあるようです。東京のビル群のなかでオフィスワークをするだけにとどまらず、地方と連携することで、地域の課題に取り組みながら、自然や、今まで触れてこなかった伝統文化を知ることは、貴重な成長機会になるのではないでしょうか？

若者の東京一極集中がさらに続くと、東京が生まれ故郷という人ばかりになってしまいます。東京の人工的な環境での画一的な体験と、受験偏重の教育制度で育った子供たちばかりがつくる未来とは、いったいどんなものでしょうか？


都市と地方とが「対になる」ことによって、生活に潤いと個性が生まれると、この国には、すばらしい可能性が拓けます。

地方留学を体験し、生きる力を養い、成長することを通じて、その場所が「新しい故郷」として記憶に刻まれ、その人の人生は彩り豊かなものとなるのです。海士町の「島親さん」のように、新しい関係の「おじいちゃん」や「おばあちゃん」が生まれるかもしれません。

「まちあす式地方創生」の未来

ＤＸの発展により、気軽な移動体験プラットフォームが広がりを見せています。

住居のサブスクサービスが立ち上がり、西日本では交通事業者と連携する先進的な展開も、始まっています。首都圏の都心と観光地とを結ぶ鉄道沿線上で、サブスク方式の拠点を持つことができると、非常に魅力的な新しいライフスタイルが期待できます。国内のクリエイティブな人材だけでなく「2〜3年であれば日本で仕事しながら、いろいろな体験をしてみたい」というグローバル人材を海外から招き入れることもできるでしょう。「現代版の参勤交代」とも言えるサブスク居住システムは、首都圏ワーカーにリタイア後の居住地の選択肢を提供するだけでなく、地方のさまざまな魅力を実感してもらい、新しいライフスタイルとして、国内外から多彩な利用者を招き入れるプラットフォームにもなることでしょう。

東京、大阪など都市部への人口集中は、サラリーマン化の進行により、職の固定化と居住地の固定化が進んだことが大きな要因です。

また日本では「一所懸命」ということばが表すように、一か所に定住し、骨を埋めることが「善」という風潮があります。こうした島国的固定観念が、保守的なしがらみとなり、変化への抵抗感につながっているのではないでしょうか？

こうした流れを変えていくためにも、「関係人口」という柔軟性や曖昧さが武器となるのです。

「関係人口」には、〝曖昧さ〟、〝ゆるさ〟があるからこそ、可能性が生まれます。ゆるいからこそ「曖昧な6割の人」を惹きつけることができます。職と居住地の固定化を開放し、働き方や暮らし方のクリエイティビティを体現するためには、仕事や暮らしの多様性が有効です。地方と都市を、生活者や企業が選択し、使い分けしながら活動していくことが、クオリティ・オブ・ライフ（QOL）の向上につながると、私たちは考えます。

「まちあす式地方創生」は、地域間競争ではなく、**地方と都市の連携**のなかで、都会での生活を見直し、都会人の人生に潤いと張りを付加し、かつ地方に活力を与えるというプラットフォームなのです。

まちあすは、地域に人が交流し、つながる仕組みを考え、提供することで、「都市人生」が豊かに広がり、新たな刺激を受けて「地方の魅力」がさらに輝いてくる、そのような地方創生を考えていきたいと強く願っています。

第3編

新しい地方創生の現場から

地方創生はすでに各地で具体的な動きとなっています。
動いてみて初めてわかったこと、新たに生じた課題、
それをどう乗り越えて、どこへ向かおうとしているのか？
持続可能なまちづくりに取り組む現場の声を集めました。

第1章

風とともに未来をつむぐ再エネとまちづくりの融合

北海道松前町

函館空港から車で約90分の松前町は北海道の最南端に位置し、人口は約6000人です。豊かな自然と文化遺産に恵まれ、「日本さくら名所100選」にも選定されています。松前城周辺に広がる城下町の町並は重要な観光資源で、漁業ではスルメイカやクロマグロが有名です。

この松前町も多くの地方都市が直面する課題に苦悩しています。急速な人口減少、少子高齢化、主要産業である漁業の苦境。そんな松前町に新たな風を吹き込もうと、まちあすの母体である東急不動産は、風力発電事業の展開と両輪で、地域に寄り添ったまちづくりをしています。その最前線に立つ、東急不動産 松前事務所 所長の関口冬樹さんにお話をうかがいました。

ＲＥ１００を軸としたまちづくり

松前町における再エネ事業の中核は風力発電事業です。松前町は、全国有数の風況を有する地域で、特に冬季は北西からの強い季節風が吹きます。

２０１９年４月に運転を開始した第１期事業では、３・４ＭＷの風車12基を設置。総発電容量40・８ＭＷの風力発電所が、一般家庭約２万４０００世帯分の年間電力消費量に相当する電力を生み出しています。さらに、18ＭＷの大型蓄電池を併設することで、安定した電力供給を実現しています。現在進行中の第２期事業では、さらに12基の風車（各４・３ＭＷ）を設置予定で、２０２７年頃の運転開始を目指して現在、環境影響評価等の手続きが進められています。第１期と第２期を合わせると、総発電量は一般家庭約５万５０００世帯分（渋谷区全世帯の約４割に相当）にまで拡大する見込みです。

また松前町は、ＲＥ１００（事業運営に必要な電力の１００％を再生可能エネルギーで賄うこと）の実現を目指し

リエネ松前風力発電所の風車

ています。２０１８年の胆振《いぶり》東部地震で起きたブラックアウトの経験を踏まえて、非常時に風力発電した電力を町内の一部エリアに供給する地域マイクログリッドを構築し、風力発電所から直接、一般送配電網を利用して低圧需要家を含む一般需要家への電力供給を可能にする、日本初の取り組みです。現在は松前町中心部の町役場や町民総合センターなど、一般家庭53世帯を含む一部エリアを対象に２０２４年２月から運用開始されています。

松前町が目指すことは、地元で発電した電力を地元で消費する**「電力の地産地消」**を実現することです。現在、地域で発電した電力は、基本的にＦＩＴ（固定価格買取）・ＦＩＰ（補助額上乗せ買取）制度により売電を行っており、松前町民への還元ができていません。それを解消するために東急不動産も松前町の取り組みをサポートし、非常時には風力発電所から直接、松前町全域に電力を供給することを目指しています。

町章に模したビジョンのあり方を示したイラスト

また松前町で東急不動産は、再エネ事業で地域を活性化させるビジョンを２０２２年度に松前町とともに策定しました。それが**「松前町スマート・シュリンクSXビジョン」**です。ＤＸ活用、地域経済の見直しによる地域循環モデルへの転換、〝風〟という資源を活かした再生可能エネルギー資源の活用、官民連携によるさまざまなプロジェクト（観光・漁業・畜産・省エネ・教育）への取り組みなどが主な柱となっています。

地域に寄り添いながら、盛りあげる

たとえば、教育分野では、**「まつまえ未来ラボ」**として、小学生から高校生までを対象に、松前町の主要産業を深く理解し、「松前町でも稼いで食べていける」というチャレンジをスタートしました。進学や就職で松前町を離れても、松前町に思いを残し続け、関わり続けられる〝Ｕターン環境〟を整える努力も行っています。

観光振興の面では、２０２２年４月からLINEを活用した実証実験にも取り組んでいます。松前町公式LINEアカウントの友だち登録を促進したところ、開始前の約２２００人から、２０２２年12月末には９４７２人まで増加しました。さらに、２０２４年3月末時点では1万１４４６人にまで拡大しています。それまでは、桜を見に来る観光客の情報は分析されていませんでした。しかし、観光客の居住地や属性データを取得することで、ターゲットを絞ったプロモーション戦略の立案が可能となりました。

また、風力発電所を地域の新たな観光資源として活用する取り組みも進行中です。**「ReENEウインドファーム松前」**と名づけられたこの取り組みでは、風車の羽下の荒廃地を農業公園として整備。遊歩道や駐車場を設置するとともに、農作物や花卉類の実証栽培、小学生向けの農

松前町立松城小学校の児童たちと

業体験、高校生向けの蕎麦栽培などのイベントを実施しています。

「風をモチーフにした東屋やキャラクターのデザインを小学生と一緒に考えました。自分たちでつくったという愛着を持ってもらうことで、風力発電への理解も深まります」

さらに、2024年5月にオープンした『**TENOHA松前**』は、地域共生型の新事務所として注目を集めています。約500㎡2階建ての施設には、東急不動産の松前事務所に加え、地域交流拠点としてのバス待合所ラウンジ、移住定住者や主に松前町に訪れる風力発電事業従事者へのコワーキングスペースなどが併設されています。

この施設では最先端の再生可能エネルギー機器の実証実験も行われる予定です。

地域との信頼関係構築に手間を惜しまない

松前町において長期的に東急不動産が〝松前町企業〟として根づけるかのカギを握るのが、地域との信頼関係構築です。

「弊社には東京の都心の再開発で培ったノウハウはありますが、それをそのまま松前町に持ち込んでも信頼は得られません。地域の文脈に合わせて丁寧に対話をすることが重要です」

具体的な取り組みとして地域イベントへの積極的な参加が挙げられます。たとえば、毎年８月に開催される**「商工会青年部プレミアムサマーフェスト」**では、単なる協賛にとどまらず、イベントの設営や運営、片づけにまで関口さんが自ら参加しています。また、再生可能エネルギーで充電したポータブル蓄電池をイベントの照明用電源として提供するなど、事業の特性を活かした協力も行っています。

さらに、地元企業や学校との協働プロジェクトにも力を入れています。特産品リブランディングの他、札幌大学の観光学部の学生や松前高校の生徒と協力してデジタル観光マップを作成する取り組みなどがその一例です。若い人、地元の人を巻き込みながらプロジェクトを実施することでメディアの注目も集め、松前町全体が盛り上がっていきます。

加えて、地元業者への発注や地元人材の活用も、信頼関係構築の重要な要素です。ＴＥＮＯＨＡ松前の建設は、地元の建設会社に発注しました。

「地域が変われば、仕事の仕方や感覚には当然違いがあります。それを無視して効率重視で、私たちが慣れ親しんだ東京の基準を押しつけるのではなく、地元の技術や事情に合わせつつ、互いに学び合いながら進めることが重要でした」

このおかげで、ＴＥＮＯＨＡ松前は地元に愛される拠点となっています。

第３編

「私たちは最初は、風力発電事業者としてしか見られていませんでしたが、今では〝まちづくりのパートナー〟として認識されるようになってきています」

松前町における東急不動産の取り組みは、再生可能エネルギーを軸としたまちづくりの新たなモデルケースとして注目を集めています。しかし、人口減少に歯止めをかけられるか、新たな産業をどう育成していくか、エネルギーの地産地消をいかに実現するか――。関口さんは「これらの課題解決には、長期的な視点と地域との協働が不可欠です。私は東京の人間ですが、今後も松前町の課題解決に向けて、いい意味で〝よそ者〟としての視点と着想を大切にしつつ、一方で松前町への強い愛着をもって、再エネ事業を基軸とした新たな取り組みを、地域の方を巻き込みながら仕掛けていきたいと思っています」と決意を語ります。

地元の拠点となっている（TENOHA 松前）

第2章

太陽とともに未来を耕す 再エネと農業の融合

埼玉県東松山市

埼玉県のほぼ中央に位置する東松山市。人口約9万人のこのまちは、都心から60㎞圏内にありながら、豊かな自然に恵まれた地域です。しかし、こんなに都心に近い東松山市でも、多くの地方都市同様、人口減少や農業の衰退という地方都市共通の課題に直面しています。

そんな東松山市で、農業と再生可能エネルギーの共生を目指す、まちあす式のプロジェクトが始動しました。東急不動産が主導するこのプロジェクトは、**「ソーラーシェアリング」**を軸に、地域に根ざした新たなまちづくりに挑戦しています。

第3編

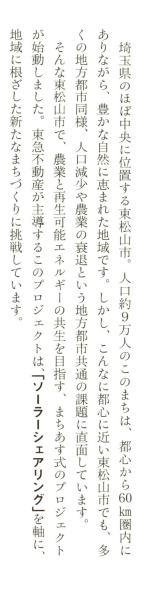

ソーラーシェアリングが切り拓く未来

ソーラーシェアリングとは、農地に支柱を立てて上部空間に太陽光パネルを設置し、農業と発電を両立させる取り組みです。東松山市では、**「リエネソーラーファーム東松山太陽光発電所」**が、約5221㎡の敷地で、この取り組みを展開しています。

リエネソーラーファーム東松山太陽光発電所

東松山市でのプロジェクトを率いる古田誠さん（東急不動産 インフラ・インダストリー事業ユニット 環境エネルギー事業本部環境エネルギー事業第一部 統括部長）は、プロジェクトの意義を、こう語ります。

「日本の食料自給率とエネルギー自給率の低さは大きな社会課題です。農業をしながら再生可能エネルギーをつくり出すソーラーシェアリングは、その両方を大きく改善させる可能性があります」

リエネソーラーファーム東松山は2022年12月に稼働しました。発電出力は直流（DC）378・78KW、交流（AC）248KWですが、このプロジェクトの真価は単に農地を有効活用した発電を可能にしただけではありません。

古田さんは「発電による収益を農業に還元することで、農家所得の向上や安定につながります。農業を適切に継続しながら農家所得にもプラスに働くしくみをつくり上げていけば、これから農業をやりたいと思う人を増やすことにつながると考えています」と、ソーラーシェアリングの可能性を強調します。

ソーラーシェアリングの特徴は、農業と発電の両立にあります。リエネソーラーファーム東松山では、水稲をはじめ、人参、ブルーベリー、枝豆など多様な作物を栽培しています。パネルは地上約3〜4・5ｍの高さに設置され、農作業に支障がないよう配慮されています。

「パネルの下で育つ作物は、日射量が調整されることで高温障害を受けにくいという利点もあります。気候変動の影響で従来の栽培が難しくなっている作物にとって、新たな可能性を示唆しているのです。また、農業の担い手不足や高齢化により、耕作放棄地が増加していますが、ソーラーシェアリングなら、こうした土地を再び農地として活用できるのです。耕作放棄地の再生は、食料自給率の向上にも寄与すると考えています」

東松山市でのプロジェクトの特筆すべき点は、地域との密接な連携です。

「プロジェクトの立ち上げ時、太陽光パネルを設置させてもらえる場所を見つけるのに苦労しました。最終的に、農業以外にもいろんな事業をやっていて、新しい取り組みに関心が強い農家さんの休耕地でスタートさせることができました」

しかし、農家は多忙で、常にプロジェクトに合わせて農耕対応できるわけではありません。

「太陽光パネルの周辺は耕作機械が入れず、手で田植えをする必要があります。そこで、手作業での田植えを手伝った私たちのチームメンバーが、積極的にその後の耕作も手伝うようになりました。そんな部分から農家の方々との信頼関係も醸成されていったのです」

こうした地道な取り組みが、プロジェクトへの理解を広げました。

「最近では私たちの理念に共感し、自分も参画したいという地元の方が増えているのです。地域の方々の理解と協力なくしては、このプロジェクトは成り立ちません」

交流の拠点となったTENOHA東松山

『TENOHA東松山』は、延床面積約616㎡の2階建て施設で、カフェやコワーキングスペース、イベントスペースを備えています。「FARM to TABLE 農家さんから食卓へ」をコンセプトに、カフェではソーラーシェアリングの耕作地で栽培された農作物を使用したメニューを提供しています。おしゃれなカフェとして若者を中心に人気を集めており、SNSでの発信も盛んです。「東松山と言えば」という新たなイメージの創出にまでつながっており、地域のブランディングにも貢献しています。

TENOHA東松山

「TENOHAのカフェには、市長の奥さんも、よく利用してくださっています。地域の人間関係によって利用者が増え、ソーラーシェアの事業への理解が進んでいるのです」と、古田さんは、地域との人間関係に基づく交流の重要性を強調します。

さらに、TENOHA東松山は、新技術の実証実験の場としても機能しています。ルーフトップソーラー、蓄電池実証、ソーラーカーポート、V2Xチャージャー、地中埋め込み型パネル、壁面パネルなど、太陽光発電に関わる大企業やベンチャー企業が提供する最新の蓄電池やの新技術を、ふんだんに盛り込んだ施設になっています。最新の太陽光発電、蓄電に関するショールームとして、業界からも注目されているといいます。

「たとえば、フレキシブルソーラーパネルは、わずか3日で設置が完了する画期的な技術です。また、V2Xチャージャーを使って、電気自動車から建物への給電実験も行っています。これらの技術が、将来の持続可能なエネルギーシステムの鍵となるかもしれません」

プロジェクトがもたらす波及効果

東松山市のプロジェクトは、農業の活性化だけでなく、企業の脱炭素経営にも貢献しています。たとえば、リエネソーラーファーム東松山で発電された電力は2023年4月から2年間、髙島屋グループの髙島屋横浜店、高崎店に供給されています。これは、企業の電力調達手段の多様化の試みにもつながっているわけです。

「隣の川島町では新規就農者支援を行っています。広域法人のようなものをつくり、若手農業者がこの発電所も含めて育てていくことができないか、ディスカッションしています。また、隣の消防署に電力を供給したこともあります。地産地消の電気、かつ、再生可能エネルギーであることに加え、電気代が高騰したタイミングでもあったので、歓迎されました」

東松山市の事例は、経済産業省、環境省、農水省の官僚、そして埼玉県内の春日部市、川島町、白岡市などの首長が視察に訪れるなど、太陽光事業と地域の共生のモデルケースとして、行政各所からも注目を集めています。

このプロジェクトは、地域経済の活性化にも寄与しています。

「ソーラーシェアリングの収益で、農家の所得も向上します。またＴＥＮＯＨＡ東松山の運営や、関連するイベントの開催などで、新たな雇用も生まれます。エネルギーと食料の地産地消が地域経済を循環させる。そんな持続可能な地域モデルを目指してます」

「農業の持続可能性」へのさらなる貢献

ソーラーシェアリングの普及には課題もあります。古田さんの指摘によれば、ソーラーシェアの事業はいかに農業を適切に継続して運営できるかが重要ですが、一部では収穫量や品質を十分に確保できていない例もあるといいます。また、初期投資費用の高さも課題のひとつです。しかし、これらの課題を乗り越え、東松山モデルを他地域に展開していく可能性は十分にあります。近隣自治体からの視察が増えているのは、その期待と関心の表れといえるでしょう。

「このプロジェクトは、単なる発電事業ではありません。農業やエネルギー、地方の未来を見据えた取り組みです。たとえば、ドローンを使った種まきや、AIを活用した収穫予測など、スマート農業との連携も視野に入れています。また、エネルギーの完全な地産地消モデルの構築も目指しています」

東松山市でのプロジェクトは、農業と再生可能エネルギーの共生という新たなモデルを提示しています。それは単なる発電事業ではなく、地域に根ざし、地域とともに成長する持続可能なまちづくりの試みなのです。

column

まちあすことば小辞典❹

Web3.0【うぇっぷ さんてんぜろ】／DAO【だお】

2023年7月に閣議決定された「第三次国土形成計画」では、「デジタルとリアルが融合した地域生活圏の形成」が掲げられました。地方創生もDXの時代です。地域創生に役立つDX技術として注目されるのがWeb3.0です。片方向の情報提供・閲覧のみだった初期インターネット（Web1.0）から、今では双方向のコミュニケーション（Web2.0）があたりまえとなっています。ただ、デジタル情報は簡単にコピーできて便利な反面、違法コピーが出回るという弊害もありました。この問題を解決したのがWeb3.0のブロックチェーン技術です。「偽造してもバレる」という意味で偽造不可能となり、ビットコインなど仮想通貨やNFT（Non-Fungible Token＝非代替性トークン）のアートが〝資産〟として取り引きできる時代になったのです。

これを地域活性化に使ったのが長岡市の旧山古志村地域でした。同地域は錦鯉の産地であったことから、地域外の専門家の力を借りて2021年末にNFTアートである「Nishikigoi NFT」の販売を始めました。ユニークだったのは、NFT販売で収入を得るにとどまらず、購入者が「デジタル村民」となって地域住民と交流できる、という点でした。NFTアートが偽造不可能な身分証明書（電子住民票）ともなるわけです。購入者の3割が実際に山古志地域を訪れて村民と交流しているそうで、後述するDAOの先鞭をつけました。この取り組みは、総務省の過疎地域持続的発展の優良事例表彰において、令和5年度（2023年）の総務大臣賞を受賞しました。

DAO（Decentralized Autonomous Organization＝分散型自律組織）は地方創生で急速に頭角を現しつつあります。ビットコインが「中央銀行に管理されていない通貨」であるように、DAOは「中央集権的な管理者がいない組織」です。

本書で紹介する「おさかなだお長崎」も、他人にあれこれ指図されるのではなく、フラットな関係のメンバーが自律的に活動しつつ、意思決定はメンバーの投票で行うというところが、特に若い世代から好意的に受け入れられているようです。しかも、匿名性を保ちながら活動することができたり、DAOへの貢献がブロックチェーン上に記録されたりすることに魅力を感じるメンバーもいます。

地方創生DAOの設立趣旨に賛同して集まったメンバーは、その地域のファン予備軍です。楽しみながら地域内外の多様な人材をつないでファンコミュニティを形成し、さらにその人脈も活用できるパワーに地域活性化のカギがあるかもしれません。

第3章

地方創生×Web3.0の可能性を探る「おさかなだお長崎」

長崎県長崎市

Web3.0 技術のオンラインコミュニティで地域創生を

まちあすが参加している地方創生への取り組みとして、長崎県長崎市ではWeb3.0技術を活用した施策が成果を上げています。地域の水産業振興を目的としたローカルDAOプロジェクト**「おさかなだお長崎」**です。

東急不動産ホールディングスとWeb3.0スタートアップのMeTown社が手を取り合い、長崎で、魚食の文化を盛り立てることを目的とした、おさかなだお長崎を2024年2月にスター

トしました。プロジェクト名の一部になっている「だお（ＤＡＯ）」とは、Web3.0を形成するしくみのひとつです。Decentralized Autonomous Organizationの略で、明確な中央管理者を置かず、メンバーの自律的な意思決定によって運営される組織形態（分散型自律組織）を指します。

おさかなだお長崎では、漁業の担い手不足や高齢化などの課題を抱える長崎の水産業に関心をもつ人々が匿名でオンラインコミュニティを形成し、さまざまな意見交換やイベントを企画して交流し、課題解決を目指します。メンバーは当初想定した１００名を上回る応募者となり、１１１名でスタートしました。

企画を主導する東急不動産ホールディングス　グループＣＸ・イノベーション推進部デジタル戦略グループ　課長補佐の岸野麻衣子さんは、プロジェクト立ち上げの背景をこう語ります。

「東急不動産ホールディングスグループでは、ＤＸと環境を二本柱とする経営方針のもと、不動産事業を通じた地域活性化に取り組んでいます。一方、MeTownさんは、北海道夕張市でのオンラインコミュニティ構築の実績があり、地域活性化についての問題意識が合致したため、一緒にWeb3.0の可能性を地方創生に活かす実証実験に取り組むこととなりました」

MeTownの代表取締役　田中一弘さんは、プロジェクトへの思いを、こう語ります。

「私たちは、北海道夕張市での経験から、ブロックチェーン技術を使った地域共創コミュニティでは、従来のオンラインコミュニティよりも、おもしろいことができると気づきました。

ＤＡＯのコミュニティでは、メンバーが自律的に活動し、それぞれがプロジェクトを立ち上げたり、ミーティングや意思決定などをし、その貢献に応じて報酬を得られるしくみをつくることができます。そんなＤＡＯの特性をより活かした新しいコミュニティのあり方を長崎で実践し、さらに進化させていきたいと考えています」

DAOツール「Unyte」が支えるコミュニティ運営

おさかなだお長崎では、メンバー間の交流にＤＡＯツール「Unyte（ユナイト）」を活用しています。メンバーは、オンライン上で提案や投票を行い、プロジェクトの方向性を自律的に決定していきます。２０２４年2月のキックオフイベントでは、メンバーによる投票で会員証（ＮＦＴ）のロゴデザインが決定するなど、早くも、いかにもＤＡＯらしい自律的な運営が実践されました。

その後、メンバーは、長崎の水産業について学ぶイベントや、県外メンバーによる長崎の漁業関係の現場を見学するツアーなどを通じて、地域理解を深めてい

おさかなだお長崎のメンバーによる投票で決定した会員証（NFT）のロゴデザイン

ます。個々の貢献度は、Unyte上で可視化・評価され、ＮＦＴ（非代替性トークン）で報酬が付与されるしくみです。ＮＦＴは、提携する店舗で食事をしたりするコミュニティ内通貨として用いることができます。こうした活動を通じて、全国各地のメンバーと地元関係者とのネットワークも徐々に広がりつつあります。

一方で、全体の２割程度と高い比率の積極的な参加者をさらに増やす、ＮＦＴによるインセンティブ設計を改善するなど、エンゲージメント向上に向けた次なる課題もあります。田中さんは「ＮＦＴには、従来のお金によるインセンティブとは異なる、新しい価値交換のしくみをつくることが求められています。体験型のユニークな特典など、ＮＦＴの使い道を工夫することで、もっと多くのメンバーに活躍してもらえるはずです。メンバーひとりひとりが主体的に参加できる場をつくることが、私たちの目標です」と説明します。

行政との連携でリアルな交流の拡大を目指す

おさかなだお長崎は、メンバーの自発的な企画提案と活発な活動のおかげで、２０２４年８月、長崎創生プロジェクト事業認定制度の第84号事業にも認定され、行政からも大きく期待されています。岸野さんは、プロジェクトの今後の展開について、「将来的には、地域貢献人材の可視化と評価のしくみを確立し、他地域への展開や地域間連携も視野に入れています。たとえば、ふるさと渋谷フェスティバルでの渋谷区不動通商店街さまとの共同出店は、オンラインで生まれた縁をリアルな交流へと昇華させる象徴的な取り組みです。都市部の人々に長崎の魅力を発信し、関係人口の拡大につなげていきたいですね」と、語ります。

田中さんはプロジェクトの可能性について、「おさかなだお長崎の活動を通じて、〝地域貢献のプロフィール〟ともいえるものが生まれつつあります。将来的には、世界各地の地域貢献人材がブロックチェーン上でつながり、国境を越えた活躍の場を得られるようになるかもしれません。そんな未来を、ここ長崎の地から切り拓いていきたいと考えています」と、地域創生プラットフォームとしてのDAOコミュニティの成長に期待を寄せています。

長崎市役所で開かれた認定式の様子。右前が鈴木史朗長崎市長

Web3.0の力を活用して地域と個人をつなぐしくみを構築した、おさかなだお長崎は、これまでにない地域活性化の道筋を新たに示しています。このプロジェクトを通じて蓄積されたノウハウは、間違いなく地方創生とWeb3.0の融合による新たな地域創生モデルの提言につながることでしょう。

第4章

小さな村が国の支援策を使ってみた

新潟県関川村

最後に、地域に立ちふさがるさまざまな課題に対し、予算もなく、専門家もいない小さな農山村が、国の支援策をどのように活用し、課題解決に取り組んだのか？　国の制度を使ってみて初めてわかったことや、率直な反省点も含めて、小さな村の現場からの声をご報告します。

新潟県の北東部、岩船郡に属する関川村の事例です。この村は新潟市から約60㎞、豊かな自然と名湯の里として名高い農山村です。村の面積は299・6㎢、大部分は山林で林野が約88％を占めます。県内の約100市郡町村が大合併した「平成の合併」には参画せず、1954年の村発足以来、村の体制を維持し続けている全国でも珍しい自治体です。村内には

54の集落があり、約1810世帯、約4700人が暮らしています。

「人口減少、高齢化が進み、村の活力が低下していました。地域の課題解決には、専門知識を持ち、外部の観点から判断できる〝よそ者〟が必要というのは役場の全員の思いでした」

そう語る、村役場の地域政策課 課長（当時）の大島祐治さんに、国の支援制度を活用した外部人材募集の取り組みについてうかがいました。

関川村の現状と課題

「関川村の基幹産業は農業ですが、農家の数はこの20年間で半減。林業も木材価格が低迷し、どのように資源の価値化を図っていくか、が村の大きな課題です。また、就労の場、種類とも少ないので若者の大半は村外で就職し、そのまま村外に移住という流れが進んでいます」

すでに多くの課題を抱えていた村役場に、大島さんが入庁したのは1997年のことでした。

「農林課、企画観光課、総務課を経て、地域政策課の課長になりました。担当業務は、村の総合計画、総合戦略、人口ビジョンや過疎対策の計画づくりなど地域振興全般。職員3名体制で、村に必要な仕事を、なんとかこなしているのが実態です」

それとは別に交流定住班の仕事も兼務となり、空き家対策、交流人口の増加促進、移住定住対策、観光振興……と、業務は多忙を極めました。さらに、「脱炭素」にも取り組んでいます。

「脱炭素関連は職員と外部人材を1名ずつ、計2名体制で業務に当たっています。脱炭素の流れを新たな地域活性化策につなげるため、私が取りまとめる形で国の『先行地域公募』に動き出し、その流れで地域政策課内に『脱炭素推進室』ができ、私が兼務することになりました。

地域課題については〝人口減少による地域活力の低下〟が一番大きな問題です。一方で脱炭素の推進は、関川村の資源価値をより高いものに変えます。どちらも大切です」

なぜ国の制度を使うのか？

「以前から、地域課題について村長が地域の皆さんと直接話し合う会議を開催して、そこで出た話を持ち帰って内部で検討を加えていました。村長からの『外部から見たら非常識と思えることが、案外あるのではないか』という、ひと言で、地域課題解決のためには外部目線が必要だと強く意識するようになりました。しかし、そうは簡単に村外の人材は見つかりません。そんななか、活用を考えたのが国の制度である『**地方創生人材支援制度**』でした」

村が必要としているのは、専門知識を有する人、民間での業務経験をこの村で活かして、外からの目線で業務に携わってくれることのできる人材です。

「その後、２０２２年度に内閣府が地方創生人材支援制度に『**グリーン専門人材**』という新たな部門を新設しました。この制度を使って、脱炭素に向けて、専門的かつ外部的観点から判断してくれる人材こそ、今、必要なのではないか、と閃きました。

しかし、民間企業の人材に、どういう目的を持って来てもらうのか？　村の事業目的や計画、開始時期、必要な人材をどうすれば明確に伝えられるのか？　さまざまな不安がありました。

関川村では、村の将来を見据えた新事業や事業改革のため、観光活性化、脱炭素推進、DX推進の3部門での人材募集を決定しました。脱炭素推進としては前述のように、環境省が2050年のカーボンニュートラルに向けて定めた2030年度目標と整合する二酸化炭素排出の削減を地域特性に応じて実現させる**「脱炭素先行地域」**にも応募することになりました。

「グリーン専門人材を活用して、村としてなにをお願いするかは、手を挙げていただいた企業さんと話し合いをするなかで決めよう、先行地域に採択されたら、採算性等を意識して発電設備の選定業務などもお任せしようと、最初は考えていました。同時に、再エネの最大限導入を計画的に進めるための戦略なども、外部人材に入ってもらうことで民間の目線で策定してもらうことができるのではないか、と考えていました。さらに、運営体制や、この計画が現実的なものなのかなど、外部目線で評価判断、実施してもらいたいという思いもありました」

大島さんは、申請書にある「協議希望企業」の「グリーン専門人材」欄に4社の社名を記載しました。すると、そのなかの3社から「協議可能」との返答を受けました。さらに、もう1社、村側は記載しなかったけれど企業側から「協議可能」と手を挙げる会社が現れたのです。

こうやって人材を絞り込む

面談調整の際に「村を見たいのでうかがいます」と言う企業もあったそうです。しかし大島さんは、まず人事担当者とオンラインで30分から1時間ほど面談をすることにしました。

「職員数が少なくて困っている自治体は、オンライン面談を活用するといいと思います。面談をしてみて、こちらの希望条件すべてがそろっている人は、なかなかいないと感じました。もっとも要望以外のことでも、村の課題をすごく親身に考えてくださる人事担当者は、いらっしゃいました。その意味では、まず派遣を申し込んでみることは有意義だと思います」

オンライン面談のときもヒアリングシートを事前に準備し、面談の前に、先方がどういう企業かを綿密に調べておけばよかった、というのは、じつは大島さん自身の反省点です。

今は3種類のヒアリングシートを用意しているそうです。まず、ひとつ目は**「企業面談用シート」**。協定候補企業の比較ができるよう、企業概要、主な派遣実績、特徴、企業人、委託費（特別交付措置）、担当評価、備考の項目が並びます。

「**『地域活性化起業人制度』**も併用できるので、併用する旨を最初から特別交付措置の欄に書いておくと後々調べなくて済みます。担当者の派遣候補者に対する評価も記入します。面談をすると予定条件以外の部分が見えてきますので、それらは備考欄に書いておくといいです」

ふたつ目は**「対象者用比較シート」**。雇用体系の一覧として活用するもので、業務内容、氏名、年齢、派遣元、派遣期間、常勤非常勤の別、企業人摘要、身分、予算措置、就業規則等、委託料、給与等、赴任・帰任費用、社会保険、住居費用等、通勤費、出勤管理、その他、想定住居地、家族の異動の有無の20項目です。

「このシートは、企業さんの雇用のノウハウを記入するのが主な目的になります。企業を決めたら、派遣者の経歴を記載して面談に臨むのがいいと思います」

3つ目は**「最終面談シート」**です。大島さんは、派遣候補者の人柄やコミュニケーション力などを記入するようにしました。

「うちの村では、民間派遣人材の雇用体系の一覧表と、企業のそれとを比較して絞り込み、最終面談で各社のエースを集めました。最終判断は3種のシートで比較し、村の要望に応えてくれる人材を選んで、村長を交えた最終面談にまで進めることにしました」

派遣者を受け入れるときの課題

移住者の受け入れには、とかく想定外のできごとがつきものです。村民にとっては、ごくあたり前の日常生活でも、雪国や田舎暮らしの経験がない移住者には驚くことも多いものです。

「困ったのは民間アパートが少なく、本人の希望にかなう住居が、なかなか見つからなかっ

関川村の2050年ゼロカーボン達成に向けた将来ビジョン

たことですね。皆さんには民間、村営アパートそれぞれで暮らしてもらっています。初めての田舎暮らしの方を受け入れていくなかで、不便な点やよかったと思う点など、いろいろと見えてきたことで、移住政策にも活かせるのではないかなと実感しました」

派遣期間の勤務条件や有給休暇など、労務管理や契約上の注意事項も多くありました。

「派遣先の村にはない『リフレッシュ休暇』や『帰省手当』など、出せないものは出せない、と、はっきり伝えたほうが、先方にも迷惑をかけずに済みます」

企業と契約協定を結ぶ際は、期限までに余裕をみて先方に提出し、締結へと進めていくと、とてもスムーズに進むこともわかりました。

「協定書締結の際に地域活性化起業人制度を併用する場合、専用の協定書のつくり込み方があります。この点にも留意して申請されることをお勧めします」

本来「採用した後」が重要なのに、「採用すること」

に注力するあまり、人を採ること自体が目的になってしまうと、本末転倒です。

関川村は第1回 脱炭素先行地域には選定されませんでしたが、派遣者の受け入れ後、第2回で選定を受けます。

「先行地域のミッションは**『豪雪農山間地域モデル事業』**の提案と実現化です。同じような条件の地域で活かせるモデルとして、他の地域にも提案できるようなしくみや技術の創成が、先行地域である私たちに課せられた使命だと思っています」

たとえば、景色として見ていた山を価値ある地域資源として最大化できるようにしたり、地域マイクログリッド（自給自足送配電）を構築して再エネの有効利用を図り、防災レジリエンス（耐久力）の強化を図る。その効果を活かせるモデル事例をつくり、実用化へと進めるといったことです。

「今回、関川村では、村の中心部をエリア設定し、新電力も立ち上げ、多様な再エネ事業計画を進めています。これには地域外の皆さんからも『脱炭素化をうちの地域でもできないか』と、これまでにない問い合わせをいただいています。また、村民の皆さんや村議会議員からはグリーン専門人材で選ばれた方に、『他にもなにかできないですか？』という相談の声も出てきました。この取り組みを前向きに捉えてくれていると思える声が、徐々に増えている状況です。

外部人材支援制度は、上手に活かすと村がうまく進展し、事業を進める大きな力になってくれると思います。皆さんも、ぜひ、うまくご活用なさってください」

あとがき

一般社団法人 環境まちづくり支援機構
専務理事 角南国隆

本書は、一般社団法人 環境まちづくり支援機構が主催した「環境まちづくり勉強会」の成果と、まちづくりの現場で得た気づきをご紹介するものです。

巻頭対談では、寺島実郎氏（多摩大学学長、日本総合研究所 会長）に、当機構理事長の岡田正志との間で講論いただき、世界でも類を見ないスピードで高齢化が進むわが国を活性化するために、エネルギーの分散化と地産地消、災害にレジリエントな地域社会、大都市で急増するアクティブシニアの活躍のカギとなる情報などの重要性について提起していただきました。

環境まちづくり勉強会では、各講師がこれまで取り組んできた地方活性化の取り組みの概要とともに、他地域で実践する場合に役立つと思われる教訓をお話いただいています。

それぞれの取り組みも興味深いですが、過去の事例から学ぶべきは、細部の模倣ではなく成功させるためのエッセンスです。

松岡斉氏（日本総合研究所理事長）は基調講演として、ジェロントロジー（高齢化社会工学）の概念やアクティブシニアのニーズを捉えた地域活性化の取り組みとしてのソーラーシェアリングについてお話いただきました。

具体的な取り組みからのエッセンスの読み取り方は人それぞれでしょうが、小野裕之氏（まちづくりプロデューサー）のお話では、地域外にファンコミュニティを形成するというところに魅かれました。地域内に活動できる人が不足しているのであれば地域外の人と連携すれば、地域の人たちも刺激を受けて、コミュニティ活動が活発化するかもしれません。

また、山川勇一郎氏（さがみこファーム代表）からは、地域に入っていくときに「自分はよそ者である」という意識を持ち、その地域のことをよく知り、地域の人に受け入れられるようにしようとして媚びないことが重要だと教わりました。その一方で、受け入れ側は、そうした人を全力で応援することが大切だ、ということも学びました。

清瀬和彦氏（元内閣審議官・デジタル田園都市国家構想実現会議事務局次長）の話は、政府の地方創生支援策でした。内閣府の地方創生の助成制度は先進的な取り組みだけでなく、他の地域でのよい取り組みを導入すること（横展開）も支援するという網羅的かつ柔軟なものであることが、わかりました。内閣府の担当官も親身に対応してくれますので、一度接触してみるといいでしょう。

なお、本書ではページ数の関係から勉強会の要点しか紹介できませんでしたので、詳細については当機構ホームページ（https://matias.or.jp）をご覧ください。

当機構の母体である東急不動産は、いわゆる不動産事業のみならず、太陽光発電、風力発電などの再生可能エネルギー事業を全国各地で行っていますが、それらの事業地では人口減・過疎化が問題となっています。どれほど効果的な少子化対策を打ち出したところで、今後数十年間、わが国の総人口が減少していくのは不可避であり、そのなかで定住人口を増やすことは、ごく一部の例外を除き、容易なことではありません。となると、本格的移住の促進策の努力はしつつも、二地域居住や一時的なワープステイ、さらには地域外から当該地域に継続的に関わってくれるファン（関係人口）を確保することが現実的な目標であり、当機構は、そのための支援を行っています。

本書では、東急不動産のこれまでの取り組みに関し、北海道松前町での風力発電事業及びまちづくりについて関口冬樹氏（松前事務所 所長）から、また、ソーラーシェアリング（太陽光発電と農業）も含めたＴＥＮＯＨＡ東松山でのまちづくりについては古田誠氏（インフラ・インダストリー事業ユニット 環境エネルギー事業第一部 統括部長）にインタビューしました。

また、実際のまちづくり現場にはディープな問題が潜んでいます。過疎地自治体の財政が厳しいことがまず課題となり、国や都道府県の補助制度の活用を検討することになりますが、そのとき、新施策を検討・実行するための人員が足りないというネックが立ちはだかります。特に、役場の職員数が100人程度の町村も多く、そういったところでは日々の業務をこなすのに精一杯。「やりたいアイデアはあるが人が足りない」という首長の声をあちこちで聞きました。

そこで国レベルでも、総務省の地域おこし協力隊や内閣府の地方創生人材支援制度などが始まっています。

しかし、外部の人材を活用しようとしても、募集に応じてくれる人がいなければ話になりません。応募してもらうには、一時的なアルバイト募集ではなくキャリア形成に役立ちそうな業務、地域おこし協力隊であれば任期終了後に定住してもよいと思えるような業務として募集するのが効果的でしょう。大島祐治氏（新潟県関川村役場）には、内閣府人材派遣制度における募集・選定過程のノウハウについてお話をうかがいました。

政府はデジタル田園都市国家構想を、国土形成計画は「デジタルとリアルが融合した地域生活圏の形成」を掲げており、DXは地方創生分野でも注目されています。テレワークの普及により二地域居住が現実のものとなりましたし、ICT教育は高校進学時の大都市への転出に一定の歯止めとなる可能性があります。

最近ではWeb3.0（ブロックチェーン技術）を使ったDAO（分散型自律組織）による地方創生の取り組みが各地で始まっています。本書では当機構メンバーも参加している長崎での漁業振興の取り組みについて、田中一弘氏（MeTown代表取締役）、岸野麻衣子氏（東急不動産ＨＤ）に紹介いただいています。若者を中心として、フラットな組織で「やりたいこと」を自分たちで決めて実行する、自分の活動実績がオープンなブロックチェーンに記録されることが会社に依存しない生き方として魅力を感じるようです。楽しいからこそ全国各地からさまざまな人材が集まる「ファンコミュニティを形成する」手法となるＤＡＯは、新たな地方創生ツールとして期待できるかもしれません。

最後に、本書をとりまとめるにあたり当機構のアドバイザーである松岡一久氏及び小林洋志氏、合同会社ベースキャンプの和田守弘氏には精力的に携わっていただきました。

心よりお礼を申し上げます。

２０２５年１月

まちあす地方創生宣言

2025年３月１日　初版第１刷発行

著者　一般社団法人 環境まちづくり支援機構

総合プロデュース　株式会社TOKOWAKA

編集　合同会社ベースキャンプ

装丁・組版　ヴィレッジ

カバーイラスト　ワキサカコウジ

表紙・本文扉イラスト　菅原竜介（多摩デザイン事務所）

発行　株式会社 小学館スクウェア
〒101−0051
東京都千代田区神田神保町２−19　神保町SFⅡ　７F
Tel：03−5226−5781　Fax：03−5226−3510

印刷・製本　中央精版印刷株式会社

Printed in Japan　ISBN978-4-7979-8769-0